下川裕治

「格安エアライン」で個人旅行が変わる!

120%使いこなす方法

JN262904

講談社+α新書

はじめに

２０１０年12月9日、エアアジアXが羽田空港に乗り入れた。エアアジアXは、アジア最大の格安エアライン（ＬＣＣ＝ローコストキャリア）であるエアアジアの、長距離部門にあたる。

格安エアラインの日本乗り入れは、２００７年からはじまっていた。しかし当初は優遇措置で誘致した関西空港に乗り入れる格安エアラインが目立った。首都圏の空港は、発着枠の制限や空港使用料の高さなどが障害になり、オーストラリアのジェットスター航空の就航だけにとどまっていた。それが２０１０年に入ると、7月に中国の春秋航空が茨城空港に乗り入れ、12月にはマレーシアのエアアジアXが羽田空港に就航した。ついに首都圏にも格安エアラインの大波が打ち寄せてきたのである。

再国際化して間もない羽田空港に就航した格安エアライン。それだけでも話題を呼んだ。さらに運賃の安さを売り物にするエアアジアXは、日本人の期待に応えるかのように破格のキャンペーン運賃を打ち出した。羽田からクアラルンプールまで、片道５０００円、８０００円といった運賃は、話題づくりの色合いが濃いにせよ、〝価格破壊〟の予感を伝えるには十分の運賃だった。

ついに格安エアラインの時代がくる。

世間は、2010年を「日本の格安エアライン元年」と呼んだ。

しかしあまりに遅い元年だった。

世界の格安エアラインをめぐる環境は、すでに1周、いや2周先を走っていた。

僕は海外に出向くことが多い。海外での足といえば、格安エアラインがあたり前になっている。そう、1年に30回以上は格安エアラインに乗るだろうか。しかし最近では、搭乗した飛行機が格安エアラインなのかどうか、判断に迷うことが多くなっている。

2010年の11月、ポルトガルのリスボンからロンドンまでTAPポルトガル航空に乗った。この航空会社は、ポルトガルを代表するフラッグキャリアである。

TAPポルトガル航空に特別な思いがあったわけではない。航空券の検索サイトを見、リスボンとロンドンを結ぶ直行便のなかから、もっとも安い便を選んだだけのことだ。予約と購入はインターネット。支払いはクレジットカードですませた。

機内に乗り込み、その座席間隔の狭さや合成皮革のシートに、ちょっと戸惑った。格安エアラインとなにひとつ変わらないのだ。

一応、機内食は出た。といっても簡単なサンドイッチと飲み物だけである。それを口にしながら、

「どこが格安エアラインと違うのだろうか」

と悩んでしまった。機内食を出すことで、かろうじてフラッグキャリアの面目《めんもく》を保っているだけのような気がする。あとはなにひとつ変わりはない。

その後、ロンドンからモスクワまでアエロフロート・ロシア航空に乗った。その機内でも僕は再び悩んでしまった。狭いシート間隔に合成皮革張りのシート。やはり機内の雰囲気は格安エアラインなのである。

それなりのボリュームのある機内食は出たが、違いはそれだけなのだ。アエロフロート・ロシア航空は、いつの頃からかアルコール類を積み込むことをやめた。際限《さいげん》もなく飲み続けるロシア人相手である。アルコール類を出したら、かなりの出費になるのだろう。機内では、「ノンアルコール・フライト」というアナウンスもあった。僕はスプライトを頼み、それを口にしながら、やはり呟《つぶや》くしかなかった。

「既存航空会社の、格安エアライン化がどんどん進んでいる……」

ヨーロッパでは、すでにそういう状況になっていた。格安エアラインと既存航空会社の区

別がつきにくなってきているのだ。乗客はただ運賃だけを比較して選んでいく。予約する航空会社が「格安エアライン」なのか「既存航空会社」なのか、関心も薄れてきている。

東南アジアでは、ヨーロッパに比べると、「格安エアライン」と「既存航空会社」の線引きがもう少し明確だ。エアアジア、タイガーエアウェイズ、セブ・パシフィック航空などを利用する人たちは、「格安エアラインを選ぶ」という意思があって予約している。

しかしこんなことがあった。２０１０年の10月のことだ。バンコクとマニラを往復することになった。バンコク―マニラ間に就航している格安エアライン……フィリピンのセブ・パシフィック航空が思い浮かんだ。一応、旅行会社で働く知り合いに問い合わせてみた。

「フィリピン航空が、プロモーションをやっているんですよ。たぶん、セブ・パシフィック航空で往復するより安いんじゃないかな。運賃を見てみましょうか」

比べると、日本円にして往復５０００円ほどフィリピン航空のほうが安かった。

フィリピン航空は、フィリピンのフラッグキャリアである。おそらくセブ・パシフィックに対抗する形で、運賃を下げてきているのだろう。

これは「格安エアライン効果」とも呼ばれている。格安エアライン就航の影響で、同じ路線を飛ぶ航空会社の運賃が下がるという現象だった。

フィリピン航空のほうが安ければ、当然、そちらを選ぶ。無料の機内食が出るし、機内では映画や音楽などのエンターテインメントも用意されている。客室乗務員に頼めば、毛布も貸してくれるだろう。

欧米や東南アジアの空はいま、ここまできている。そのなかで、ようやく日本も格安エアラインの時代を迎えようとしている。

日本の空をめぐる状況が、欧米や東南アジアよりかなり遅れていることは事実だ。欧米で格安エアラインが一気にそのシェアを伸ばしはじめたのは、１９９０年代のことだ。いまでも欧米は、世界の先頭を走っているといってもいい。それから約10年遅れて、東南アジアや南アジアで格安エアラインはその存在感を高めていった。欧米に比べて、東南アジアが1周遅れのランナーだとしたら、日本は2周遅れのランナーといえるだろう。

欧米、東南アジア、そして日本……と航空業界を見ていくと、格安エアラインをめぐるひとつの進化系が見てとれる。

【格安エアライン乗り入れ期】（日本）

圧倒的に安い価格をひっさげて格安エアラインが登場する時期。格安エアラインはなんといっても、航空券の安さが売り物の航空会社群である。よりインパクトを強めるために、就航時には赤字覚悟のキャンペーン運賃を打ち出す。上海片道４０００円という運賃で茨城空港に乗り入れた中国の春秋航空はいい例だろう。羽田空港に乗り入れたマレーシアのエアアジアXの、就航記念の広告にも、破格のキャンペーン運賃が躍っていた。どちらも、既存航空会社の、5分の1ほどの運賃である。

これは日本人にとって衝撃だった。

「いったい、いままでの運賃はなんだったのか……」

多くの日本人は唇を噛《か》んだだろう。当然、予約は殺到する。それをマスコミも大きくとりあげる。格安エアラインの知名度は一気にあがっていくことになる。

【格安エアラインと既存航空会社との競合期】（東南アジア）

格安エアラインは既存航空会社にとって脅威である。安い運賃に惹《ひ》かれて、乗客が次々に流れてしまうからだ。

既存航空会社はさまざまな対抗策に出る。

ひとつはフィリピン航空の例で紹介した運賃の値下げである。利用者には嬉しい格安エアライン効果である。しかしこれは、航空業界から見れば、大競争時代の前奏でもある。体力勝負の時代のはじまりといってもいい。

１９９０年代までの欧米でも同じことが起きた。訴訟に発展したこともある。判決は格安エアラインにとって有利なものだった。格安エアラインのスケジュールに合わせ、同じ時間帯に飛ぶ便の運賃だけを大幅に値下げする手法は禁止されたのだ。あくまでも運賃は公平な競争でなければならないという論理である。

しかし激しい集客競争が繰り広げられることに違いはない。その競争に勝ち残った航空会社が、いまの欧米の空を飛んでいると思っていい。

格安エアライン対抗策にはほかの手法もある。既存航空会社が、格安エアラインに特化した子会社を立ち上げていくことだ。参入した格安エアラインに利用者を奪われないように、子会社を受け皿にしてしまうのだ。しかしこれは諸刃《もろは》の剣《つるぎ》でもある。サベナ・ベルギー航空が、自ら設立した子会社に吸収されてしまった話はあまりに有名だ。格安エアラインは、それほどの集客力を秘めたビジネスモデルだといっていい。

東南アジアでも同様の現象が見られた。タイ・エアアジアに対抗するために、タイ国際航空はノックエアという格安エアラインを設立した。シンガポール航空は、タイガーエアウェイズをつくった。

シンガポール航空の拠点であるシンガポールのチャンギ空港。そこにエアアジアが乗り入れる際の、シンガポール航空との攻防は、いまでも語り草になっている。

【大競争時代】(欧米)

欧米では、格安エアラインと既存航空会社の境界が、わかりづらくなってきている。既存航空会社の変化のひとつは、先にもお話ししたような、自身の格安エアライン化である。後述するが、格安エアラインには運賃を安く抑えるためのさまざまなノウハウがある。それを既存航空会社が吸収し、対抗力のある運賃を打ち出してきている。

運賃を細分化していくのもそのひとつだ。格安エアライン並みの運賃を表に出すが、その運賃で乗ることができる座席数をコントロールしていく手法である。

格安エアラインのなかにも、変化が生じてきている。

以前、アメリカのジェットブルーエアウエイズという格安エアラインに乗った。アメリカで急成長している同社だが、そこにはこれまでの経費節減モデルの逆をいくようなサービスがあった。格安エアラインの特徴のひとつに、座席間隔の狭さがあるが、ジェットブルーのそれはかなり広い。そして各座席の背にはシートテレビがついていた。イヤホンは持参しなければならないが、テレビドラマやスポーツ番組を観ることができる。そしてスナックや飲み物を無料にしていた。

東南アジアの格安エアラインにも、その傾向が見えはじめている。タイのノックエアは、機内食が有料のタイ・エアアジアに対抗して、軽食の無料サービスをはじめた。座席はエコノミー一色というスタイルも格安エアラインに共通したものだが、ノックエアにはビジネスクラス仕様の席が設けられている。

格安エアライン間の差別化が起きているわけだ。いったんは、機内サービスをほとんどなくすモデルでスタートした格安エアラインだが、激しい競争のなかで、既存航空会社のサービスをとり入れはじめているのだ。

既存航空会社が格安エアライン化し、格安エアラインが既存航空会社化していくという両者の接近がはじまっている。

格安エアラインが起こした運賃破壊や構造変化がひと段落し、それぞれが同一線上に並んで競い合うという時代になりつつあるといってもいい。

首都圏にある羽田・茨城というふたつの空港に格安エアラインが就航し、全日空も子会社での格安エアラインへの参入を表明した2010年、日本は格安エアラインを軸にした激しい競争時代のとば口に立ったと思っていい。

アジアへの片道4000円や5000円といった激安運賃に注目が集まっているが、既存航空会社も対抗策を打ちだしはじめている。赤字続きの地方空港や、成田空港は格安エアライン誘致の動きをみせている。興味を示す格安エアラインもあるという。

これからも、さまざまなせめぎ合いが続くだろう。

本書は、そんな格安エアライン時代とうまくつきあっていくための一冊である。

本書をまとめるにあたり、太内潤一氏に協力してもらった。

出版にあたり、講談社生活文化第三出版部の浅井健太郎氏のお世話になった。

2011年1月

下川《しもかわ》裕治《ゆうじ》

◉目次

第六章　格安エアライン20の疑問

第七章　予約と購入の方法

第八章　搭乗レポート

第一章　片道８００円の飛行機

乗り物オタクが小躍り

見聞きする格安エアライン（LCC＝ローコストキャリア）の話は、断片にすぎなかった。１９９０年代も後半のことだった。欧米でシェアを増やしつつある航空会社……そんな程度の認識しかなかった。

当時、僕は双葉社が発行していた『格安航空券ガイド』（現在は休刊）という隔月刊誌の編集長を務めていた。日本で発売されている格安航空券や、世界主要都市発航空券の価格情報誌だった。ここでいう格安航空券とは、格安エアラインの航空券とはまったく別物である。そのあたりは第五章で詳しく述べるが、日本に乗り入れている既存航空会社が、旅行会社を通じて販売する割引航空券のことだった。

そんな仕事にかかわっていたから、欧米で話題になっていた格安エアラインの情報は手に入りやすい環境にいた。

はじめて話を聞いたとき気になったのは、やはり安全性の問題だった。「安かろう、悪かろう」というイメージは拭《ぬぐ》えず、さして関心も示さずに、ときは流れていった。

「無視できない存在かもしれない」

そう思いはじめたのは、２００1年のことだ。欧米で広がる格安エアラインの勢いがアジアに飛び火し、マレーシアでエアアジアという格安エアラインが運航を開始したのだ。日本に近いことが大きな要因だった気がする。いまも昔も、僕個人の旅のフィールドはアジアである。欧米で誕生した格安エアラインが、僕のテリトリーに入ってきたという感覚もあった。

『格安航空券ガイド』の読者や、雑誌を制作していくうえでの情報提供者の一部に、「乗り物オタク」と呼ばれる人々がいた。乗り物オタクの主流は鉄道マニアなのだが、乗り物ならなんにでも興味を示すタイプもいた。彼らがまっ先にマレーシアに飛び、エアアジアの搭乗体験記を送ってきてくれた。

彼らの情報をもとに、僕もエアアジアのサイトにアクセスし、その運賃を調べてみた。いまと違い、当時のエアアジアのサイトには日本語版がなく、英語に戸惑いつつも予約画面を辿《たど》った記憶がある。調べてみたのは、クアラルンプールとマレー半島の南端のジョホールバル間のフライトだった。コンピュータの画面に映し出された金額をメモにとり、リンギットというマレーシアの通貨を円換算したとき、乗り物オタクが騒ぐ理由が伝わってきた。運賃は燃油サーチャージ、税金などすべて入れても、日本円にして片道約８００円だったのである。

小躍りするぐらいに安かった。８００円なのである。東京駅からＪＲで鎌倉あたりまで行く運賃で、クアラルンプールからジョホールバルまでの約３２０キロを飛行機で移動することができるのだ。マレーシアの物価感覚でいえば、この2都市を結ぶ長距離バス並み、いや、それよりも安い運賃だった。

乗り物オタクたちも、はじめはその運賃を信じることができなかったようだ。しかし彼らが実際にマレーシアまで足を運び、乗ってみると、それ以外の費用はいっさいかからなかった。本当にこの値段で、飛行機に乗ることができてしまうのだ。

格安エアラインの存在は、自らが編集長を務める雑誌の存在を脅かすだろうという予感はあった。しかしそのときの僕は、編集スタッフの将来など考えもせず、ただその運賃だけに魅了されていた。ようやくバス並み運賃で飛行機に乗ることができる時代がやってこようとしていたのだ。

そういう意味では無責任な編集長だったのだろうが、僕のなかには旅行者という因子が濃密に詰まっていた。昔から俗に貧乏旅行と呼ばれる旅ばかり続けてきた。なにしろ旅行作家としてのデビュー作が『12万円で世界を歩く』（朝日新聞社）という究極の貧乏旅行本なのである。そういう男は、雑誌の編集長という責務をあっという間に忘れ、その運賃になびいていってしまうのだ。

「これなら1万円ぐらいでヨーロッパまで行けるのではないか」

電卓を叩きながら、呑気《のんき》に旅のルートを考えてしまう旅行者だった。

予約は面倒だけど、安かった

はじめて格安エアラインに乗ったのはその2年後の2003年だった。エアアジアがタイの資本と組んで立ち上げたタイ・エアアジアで、バンコクとチェンマイの間を往復した。

航空券は日本で買った。自宅のパソコンからアクセスする。タイ・エアアジアの英語サイトだった。目的地を選び、個人情報を打ち込みながら、「ここまで明かさなければいけないのか」と何回も溜息《ためいき》をついた。郵便番号、住所、電話番号などの個人情報を次々に入力することに若干の不快感があった。それ以上に、スペルに気を遣い、すべて半角英数文字で入力しなければいけない作業は煩雑《はんざつ》でもあった。名前の最初は大文字にすべきかどうか……など、画面の前でしばし悩む。パソコンの横にパスポート、スケジュール表、手帳、電子辞書などを置き、深夜、こつこつと打ち込んでいく。当時は利用する人も少なく、相談する相手もいなかった。

ようやく予約内容を打ち終わる。わからないところがいくつかある。保険は入ったが、これは本当に必要なのか。荷物は「15キロまで」を選んだが、実際、それで収まるのか。同意が必要な利用規約の内容がいまひとつ理解できない。英文をひとつひとつ読んでいたら夜が明けてしまうような気になった。

クレジットカードでの支払い画面に進む。と、そこで画面が固まってしまった。サイトの問題なのか、自宅のパソコンの不具合なのか……。結局、はじめに戻って一から打ちはじめる。実際、当時はこういうことが多かった。クレジットカード決済のチェック機能を高めているのか、しばしば、支払いの場面で画面が動かなくなってしまうのだ。

結局、3度目の入力作業で、最後まで辿り着いた。

ふーッ。

パソコンの前でひと息つく。午前4時をまわっていた。3時間近くパソコンと格闘していたことになる。

確認のメールがエアアジアから届くことも知らなかった。翌朝、メールボックスを開くと英文のメールが2通入っていた。

いた。

「また迷惑メールか」

そう思って削除しようとしたが、一応、開けてみた。そこには予約の詳細情報が書かれていた。

運賃は日本円にすると、片道2500円ほどだった。これまではタイ国際航空の国内線を使うことが多かった。そのほぼ半額である。しかし労力はかかる。いままでは名前と搭乗日と便名を、現地の旅行会社にメールするだけでよかった。安い航空券を手に入れるには、それなりの手間がかかるという感覚が正直なところだった。

しかし運賃は、バンコクとチェンマイの間を10時間ほどかけて走る「VIP」と呼ばれる豪華バスの運賃と変わらなかった。さすがに「空飛ぶ路線バス」という異名をもつ格安エアラインだった。

合理的なオペレーション

しかし不安だった。

バンコクのスワンナプーム空港のタイ・エアアジアのカウンターには、20人ほどの列ができていた。僕の番になり、パスポートとエアアジアから来たメールをプリントしたものをそ

軽〜い搭乗券。なくしてしまいそうで、少し不安になった

っと差し出す。確認メールが来ているのだから大丈夫とは思うが、万が一ということもある。

しかしくっきりとした赤の制服を着たスタッフは、顔色ひとつ変えずにキーボードをカチカチと叩き、僕のチェックインはあっという間に終わってしまった。

そこから起きたことは、なにもかもが新鮮だった。受けとった搭乗券は、スーパーのレシートのような感熱紙だった。大小の2枚があり、ホチキスで留めてある。「こんな安っぽい搭乗券でいいのか」と拍子抜けした気分でその紙を眺めた。感熱紙は時間がたつと文字が薄れていくが、使うのは飛行機を降りて荷物を受けとるまでの3時間ほどだからなんの問題もなかった。考えてみれば、立派な搭乗券は必要なかった。

そこにはいくつかのコード番号が印字されていたが、必要なものは搭乗ゲートの番号だけだった。そのころのタイ・エアアジアは、自由席方式だった。セキュリティチェックを受け、ゲートの待合室からはバスで空港の隅に停まっていた飛行機に向かう。赤地に白い文字が躍《おど》る機体が、バンコクの強い陽射しを受けていた。飛行機にはタラップをのぼって乗り込んだ。

座席は前のほうから埋まっていった。僕は空席が目立つ後ろまで進んで席についた。座席は噂《うわさ》通りに狭かった。座ると膝《ひざ》が前の座席の背にぴったりとついてしまう。通路を挟んで左右3席の配置だった。僕の座った横には誰も座らなかった。僕は体を少し斜めにすることができた。もっとも、チェンマイまでは1時間ほどのフライトである。かなり狭いが、耐えられないというほどでもなかった。

シートポケットにはメニューが挟んであった。機内食は有料である。カップ麺《めん》が40バーツ、日本円で120円ほどだった。離陸してしばらくすると、客室乗務員がカートを押して現れる。その光景は、空の上ということを考えなければまるで新幹線の車内である。カップ麺を頼んでみた。女性の乗務員がラップを剝《は》がし、蓋《ふた》をあけて熱湯を注いでくれた。

乗務員はときどき、大きな黒いポリ袋を手に通路を歩き、ゴミを集めていく。ほかの乗務員が、別のカートを押して現れた。そこにはTシャツや飛行機の模型、ストラップなどエアアジアのオリジナルグッズが積まれていた。買う客はほとんどいなかったが……。乗務員は小一時間のフライトで、こういった仕事をこなしていくのだから、けっこう忙しい。

飛行機はチェンマイ空港に到着した。僕は後ろの座席だったので、当然、飛行機を降りるのが遅くなる。通路に立っていると、後方では、赤い制服を着たやや化粧の濃い客室乗務員が、黒いポリ袋を手に掃除をはじめていた。機内清掃も彼女らの仕事だったのだ。

チェンマイには2日ほど滞在した。バンコクへ戻るのもタイ・エアアジアだった。早めにチェックインをし、待合室でバンコクから飛んでくる飛行機を待った。到着したのは、チェンマイ出発の30分前だった。機材はバンコクからチェンマイまで乗ったものと同じエアバス320だった。

「出発が少し遅れる？」

そんなことはなかった。スタッフが搭乗口に現れる前から、人だかりができていたのだ。当時のタイ・エアアジアでは席の指定がなかったから、どの席に座るかは早い者勝ちである。預ける荷物がなく、バンコクの空港に着いてからすぐに街に向かいたい人は、できるだけ前の席を確保しようとするのだろう。そんな人たちがすでに集まっていた。

チェンマイ空港はボーディングブリッジを使う。バンコクから到着した乗客が全員降りたとたんに、搭乗がはじまった。乗客が降りていく間に、客室乗務員が清掃をすませてしまうのだ。乗り込む人たちも事前に集まっているから早い。飛行機に乗る際、遅れる乗客がいて、その人を呼び出す館内放送が流れることがある。しかし座席指定がないと、乗客たちは自分から進んで早く集まり、乗り込むのだ。

そういうことだった。乗客を呼び出す放送もなく、飛行機が到着して20分ほどで、すべての乗客が乗り終えてしまった。すると、出発時間前だというのに、ハッチが閉められ、すぐに飛行機は走り出した。緊急脱出時の説明などは、滑走路を走っている間に行われた。そして予定の出発時刻より5分も早く、チェンマイ空港を飛び立ったのだった。

後方まで行けばゆったり座れることが多い

「空飛ぶ路線バス」

このフライトで味をしめた。なにひとつ問題はなかった。噂されていた遅れもなかった。機内サービスがほとんどないことはわかっていたから、さして気にもならない。座席間隔の狭さも、2時間、3時間といった時間なら辛いこともない。だいたい僕はこれまで、もっと過酷なバスに10時間、20時間と揺られてきたのだ。前後の座席間隔はこの飛行機より狭いこともあった。そこに大量の荷物が積み込まれる。足の踏み場もないような車内も珍しくなかった。そういうバスに長年耐えてきた僕には、快適に近い乗り心地だった。

いや、アジアの長距離バスと比べてはいけないのかもしれない。既存の航空会社と天秤《てんびん》にかけなければいけないのだろう。しかし僕の場合は、安い路線バスに乗ることすなわち〝アジアの旅〟といった意識がある。それが飛行機になるのだから、歓迎してもいいぐらいだった。

たしかに格安エアラインの運賃は、エアコンのないアジアのバスよりは高い。しかし高級な夜行バスと同じぐらいの運賃である。高級バスは、かなりの角度まで背が倒れるが、乗っている時間が10時間、20時間と長い。いくら背が倒れても、バスのなかでは熟睡というわけにもいかない。格安エアラインの機内は狭いといっても、せいぜい3時間程度なのだ。これからは格安エアラインのお世話になる予感がした。

それから頻繁に格安エアラインに乗るようになった。僕はタイのバンコクを中心に動くことが多いから、タイ・エアアジアや、タイ国際航空がつくった格安エアラインのノックエアに乗ることが多かった。両社は年を追って就航路線を増やしていった。

「格安エアラインが飛ぶようになったから行ってみようか」

そんな感じだった。どこか格安エアラインのファンのようなところがあった。アジアを動くとき、交通手段としてまず検索するのが格安エアラインになったのだ。

それから3年後の2006年、バンコクからマレーシアのランカウイ島に向かった。当然、バンコクを起点に、格安エアラインでルートをつくる。航空券の検索サイトを開き、バンコク―クアラルンプール―ランカウイというルートを調べてみた。かなり安い。おそらく陸路とフェリーの乗り継ぎと大差がない金額だった。

バンコクを早朝に出る便がいちばん安かった。それを選び、乗り継ぎ時間は余裕をもって4時間後の便にした。ランカウイ島で1泊。翌日の午後便でクアラルンプール。当時はバンコクまでのその日の接続便がなかったので、クアラルンプールに1泊してバンコクに戻ることにした。

この旅で僕ははじめて、オープンして間もないLCCT（ローコストキャリアターミナル）を体験することになる。クアラルンプール空港の敷地内に格安エアライン専用のターミナルができたのだ。

まるで飛行機の格納庫のような建物だった。乗客はスタッフの後を歩いて飛行機に向かい、タラップをあがった。飛行機までバスも使わない設計になっていた。

ターミナルにはマクドナルドやマレー料理系チェーンの食堂が入っていたが、チェックインカウンター前の待合室は半屋外だった。冷房もなかったのだ。そこに座り、チェックインがはじまるのを待ちながら、不思議な感覚にとらわれていた。以前、こんな待合室に座っていた……。

そう、バンコクにある北バスターミナルである。ここから北タイや東北タイへの長距離バスが出ていた。冷房もない待合室のプラスティック製の椅子に座り、乗車するバスが到着するのをよく待ったものだった。

格安エアラインは、たしかに「空飛ぶ路線バス」だった。

この旅で僕は飛行機に乗り遅れた。ランカウイを出発する便だった。出発時刻を間違えてしまい、空港に着いたとき、すでに飛び立った後だった。そのときは、ランカウイ島に長く暮らす日本人女性に会っていた。彼女の車で空港まで送ってもらった。ふたりでエアアジアの空港オフィスに向かった。

乗り遅れたのは僕の責任だった。なんの申し開きもできない。こういう場合、格安エアラインは払い戻しに応じないという原則がある。僕はクアラルンプールまで新しい航空券を買うつもりでいた。

しかしそこは、日本人のおばさんである。流暢《りゅうちょう》なマレーシア語で払い戻しを要求したのである。オフィスにいたスタッフは知り合いだったらしい。しかし払い戻しは無理だった。だが、次の便の運賃をネットに出ている額の半値に割り引いてくれたのである。どういう操作をしたのかはわからない。そこにはランカウイ島の人間関係というものもあるらしい。やはりアジアの航空会社だった。

「こういうこともありなんだ」

僕は感熱紙の搭乗券を手に、飛行機に向かったのだった。

第二章　どうして安くなるのか

ここでは、格安エアライン（LCC＝ローコストキャリア）がどうしてこれほどまで運賃が安くなるのかを説明したいと思う。

前章で、僕の格安エアライン体験の一部を紹介した。はじめて乗ったバンコク―チェンマイ路線、そして3年後に格安エアラインで訪ねたランカウイ。そのなかに、格安エアラインが安い運賃を実現させているノウハウのほとんどが潜《ひそ》んでいると思っていただいていい。

予約から搭乗への流れに沿って説明していこう。

予約はパソコンから

バンコク―チェンマイ往復、そしてバンコク―クアラルンプール―ランカウイ往復。僕はこの航空券を自宅のパソコンで予約し、クレジットカードで支払いをすませた。これが格安エアラインのひとつの特徴であり、経費節減につながっている。

格安エアラインは、インターネットの発達のなかで育ってきた航空会社群といってもいい。既存航空会社は自前の店舗を持ち、そこで航空券を販売していた。同時に旅行会社とのつながりのなかで航空券を販売してきた。こういう流れを一切省いてしまったのが格安エアラインである。

自前の店舗を持てば、店の賃料やスタッフの人件費がかかる。それが運賃にもはね返ってくる。

旅行会社に販売を委託すれば、店舗経費がかからずにすむが、マージンをとられる。さらに航空業界には、キックバックと呼ばれる報奨金制度が横たわっている。つまり一定量を販売した旅行会社には、一定金額の報奨金を航空会社が払っているのだ。

旅行会社のなかには、キックバックの金額を想定し、販売価格を割り引くところもある。そういった持ちつ持たれつの関係のなかで、航空券は販売されてきた。

こういう販売経費をほとんどカットしているのが格安エアラインである。経費削減分を運賃に反映させているのだ。

ネット上で運賃を公表しているため、旅行会社が航空券を販売しても、それ以上の料金をもらうのは難しい。旅行会社の経費や利益は、利用者個人から手数料の形で徴収するしかなくなってくる。

しかし世界のすべての家や職場に、インターネットに接続したパソコンがあるわけではない。パソコンを持たない人は、手数料を払って旅行会社に頼むことになる。

国によっては、格安エアラインの空港オフィスで買うこともできる。街なかに店舗はないが、空港オフィスはどうしても必要になる。キャンセルや変更などに対応しなくてはならないからだ。そこで航空券を売ってくれるところもある。

荷物にはシビアに課金

既存航空会社のエコノミークラスは、通常20キロまでの荷物なら無料で預けることができる。実際にはさらに2〜3キロ大目にみてくれるところも多い。しかし格安エアラインは、チェックイン時に預ける荷物や、機内に持ち込む荷物の重さに対しては厳格に対応する。

その対応は格安エアラインによって違う。チェックイン時に預かる荷物はすべて有料という会社と、10キロないし15キロまでは無料という会社がある。しかし後者の場合も、オーバー分に対しては追加料金を徴収する。その金額は格安エアラインによって異なってくる。

チェックインカウンターで、預ける荷物の重さが制限重量をオーバーしているといわれ、慌《あわ》てて機内持ち込みの鞄に移している光景はよく見かける。いくらお目こぼしを頼み込んでもほとんど応じてくれない。日本発の場合もシビアに、1キロ1000円前後の支払いを指示される。

預ける荷物を見ていると、中身を入れなくても重い大型スーツケースが少ないことに気が付く。皆、考えているのだ。

しかし、しっかりと鍵がかかるスーツケースは、防犯面でのメリットがある。鍵のかからない鞄だと、空港によっては、職員が荷物の中味を盗んでしまうことがある。欧米や東南アジアの空港では、荷物のラッピングサービスが盛んだ。荷物をラップでぐるぐると巻いてしまうのだ。専用の機械が置かれていることが多い。軽い鞄で旅をする人が多くなってきていることが生んだ新たな需要ともいわれている。

機内に持ち込む荷物の重量も、チェックされることが多い。

荷物の重量に対して厳しいのは、燃費に与える影響が大きいからだ。少しでも燃料を節約したい格安エアラインにしたら、重量を軽くすることに多くの神経を使うのは当然だ。ヨーロッパの格安エアラインでは、乗客の体重もチェックした方がいいという議論が交わされたこともあったという。

一時、タイ・エアアジアでは、預ける荷物がない人に優先搭乗のサービスを行っていた。座席指定がなかったころのことだ。格安エアラインはなんとか乗客に荷物を軽くさせるために、さまざまなアイデアを練る航空会社でもある。

狭い座席にはカップ麺がよく似合う

機内サービスを省略する

機内食を出さないことが格安エアラインの原則である。その費用を節約しているのだ。代わりに有料の機内食を販売する。機内食といっても、カップ麺、サンドイッチ、電子レンジで温めるだけのチャーハンなど簡単な料理だが。メニューはシートポケットに入っているか、機内誌で紹介されている。

格安、つまりローコストを売りにしている航空会社だから、機内食もそれほど高いわけではない。僕はこれまで20社以上の格安エアラインに乗ってきたが、上限は７００円と思っていい。

飲み物も有料である。水も買うことになる。ビールやワインなどのアルコール類を販売する格安エアラインもある。原則免税価格なのでそれほど高くない。

音楽や映画といった機内のエンターテインメントも期待できない。その分も節約しているのだ。慣れた乗客は、デジタルオーディオプレーヤーで音楽を聴いたり、パソコンで映画を観たりしている。本をもち込む人も多い。格安エアラインのなかには、音楽や映画を流し、イヤホンを有料で販売するところもある。イヤホンを持参すれば無料。格安エアラインに乗るときはイヤホンをもっていくことが定着しているエリアもある。

膝かけや毛布、枕といった、乗客の快適性を考慮した備品もほとんど積み込んでいない。いくら頼まれてもないわけだから、客室乗務員も提供できない。冷房がきつい場合の準備が必要になってくる。

機種を統一する

多くの格安エアラインの飛行機は、エアバス３２０やボーイング７３７といった中型機に統一されている。これはボーイング７４７（ジャンボジェット）などの大型機に比べて燃費がいいからだ。その代わり、これらの中型機では長距離飛行ができない。航行時間は４〜５時間が限度だといわれている。

格安エアラインは中・短距離のフライトを得意にする航空会社だと思っていい。エアベルリン、エアアジアXのように長距離路線をもっているところもあるが、これは例外である。利用ルートを考えるとき、ひとつの参考にしてほしい。

格安エアラインにはビジネスクラスやファーストクラスがなく、全席エコノミーが原則である。これはモノクラスと呼ばれている。単一クラスという意味だ。

機内に複数のクラスがあると、予約やチェックイン、客室乗務員の対応などのバリエーションがかなり増えるのがその理由といわれている。座席の管理もクラス別に行わなくてはならない。搭乗時も別々の対応が必要になってくる。だが、エコノミーだけなら、いたって単純。予約も一本化でき、さまざまな対応も単純化できる。

機内は中央の通路を挟んで左右に3席ずつというパターンが大多数だ。前の座席との間隔はシートピッチと呼ばれるが、格安エアラインによってはかなり狭められている。エアバス320の場合、日本国内線では166席が多いが、エアアジアでは最大180席。14席も多い。その分、シートピッチが狭くなっている。運賃が安いことを補うために、できるだけ多くの席を販売しようとしているためだ。

180席タイプの機材では、身長が170センチ以上の人が座ると、膝が前席の背につき、かなり狭い感じがする。さらに席がびっしり埋まるとかなりの閉塞感がある。3席並びの中央席がいちばん辛い。

シートカバーは色が違っても合成皮革が多い。これは汚れがつきにくく、掃除も簡単という理由で採用されている。

飛行機の機種を統一するのは、メンテナンスにかかる費用やスタッフの訓練期間をできるかぎり抑えようとしているからだ。

飛行機は機種が変わると、交換する部品が変わってくる。整備部門では、機種ごとの部品をそろえなくてはならない。しかし機種がひとつなら、ひと通りの部品ですべての機材に対応することができる。

パイロットは基本的に機種ごとに資格をとらなくてはならない。機種に合わせた訓練が課せられているのだ。さまざまな機種が混在する航空会社のパイロットは、いくつもの資格をとらなくてはならなくなる。その訓練期間は職場に出ることができないから効率が悪い。航空会社側も、機種によってパイロットを替えるローテーションを組むためには、多くのパイロットを雇わなくてはならなくなる。

客室乗務員も安全対策など、機種ごとの訓練が義務づけられている。この期間は仕事ができない。

機種がひとつなら、パイロットや客室乗務員の訓練は1回ですむ。複数の機種に合わせて多くのパイロットを雇用する必要もなくなる。機種の統一はハード面だけでなく、人件費の削減効果も生むというわけだ。

駐機時間を短くする

運賃が安い分を、飛行機の運用効率で補っているのが格安エアラインだ。前章で紹介したが、チェンマイに到着したタイ・エアアジア機が、25分で離陸したのはその例である。地上スタッフは、いかに早く乗客を機内に誘導するかの工夫を凝《こ》らしている。客室乗務員も、到着したとたんに次の離陸の準備に入る。パイロットはハッチが閉められたら、すぐに出発する。席に着いたとたん、飛行機が動きはじめたという格安エアライン体験をもつ人は多い。非常時の説明などは、滑走路に向けて移動している機内で行われることが珍しくない。

これが格安エアラインの遅延の原因にもなる。既存航空会社に比べて、タイトなスケジュールを組んでいることが多く、なにかの理由で1便が遅れると、玉突き式にほかのフライトも遅れてしまうという現象も起きてくる。経費を抑えるために、予備機を待機させるようなこともない。

エアアジアも就航から2〜3年は遅延が目立った。ときには数時間遅れることもあった。それが理由で敬遠する人も多かった。しかし最近は改善されてきているようだ。路線ごとに運航の経験が積まれ、遅れが出そうな空港向けにはその分を考慮したスケジュールが組まれつつあるからだろう。

空港施設も使わない

経費をできるだけ節約するために、空港施設をできるだけ使わないということも格安エアラインのポリシーである。

多くの空港が採用しているボーディングブリッジという設備がある。搭乗待合室を2階にし、そこから渡り廊下のような通路を歩いて飛行機に乗り込むものだ。空港にもよるが、こういう設備を使うと、空港使用料が増える場合がある。格安エアラインはこれも節約しようとする。

多くの格安エアラインは、ボーディングブリッジを使わない。「沖停め」といって、ターミナルから離れた場所にポツンと駐機する。乗客はターミナルからバスで飛行機に向かうことになる。

「ターミナルのスポットは空いているのに、どうして飛行機があんな先に停まり、バスに乗って行かなくてはいけないの？」

という疑問をもった人もいるだろう。これは、空港との間にターミナルの施設を使わないという契約がとり交わされている可能性もある。

空港によってはバスさえも使わず、乗客は歩いて飛行機まで行くこともある。空港のバスも利用しないというほどの経費削減を行っているわけだ。

飛行機に乗るときは当然、タラップをのぼることになる。

かつて世界の空港はどこもタラップをのぼって機内に乗り込むスタイルだった。タラップまではバス。近ければ歩くことも珍しくなかった。しかし飛行機の便数が増え、世界の空港は大きく変わった。多くの飛行機が駐機できる巨大空港が次々にできていった。そこには最新式の設備が整えられていった。

ボーディングブリッジはその一例である。車椅子の人も簡単に飛行機に乗り込めるようになった。

しかし世界的な景気の後退のなかで、格安エアラインに人気が集まってくる。そして格安エアラインは、経費を節減するために、せっかくつくられた空港の設備を使わない道を選ぶ……。空港は先祖返りを起こしているような状態である。

余談になるが、以前、バンコクのスワンナプーム空港に、シンガポールからの飛行機で着いたとき、近くにいたタイ人がこんなことをいっているのが耳に入った。

「バスでよかった。このほうが歩かないですむんだよ」

そのときはターミナルのスポットが埋まっていたのか、沖停めになり、バスでターミナルに行くことになった。僕の感覚では、タラップを降りてバスに乗るより、ボーディングブリッジを使うほうが楽に映る。しかしタイ人は違ったのである。

昔なつかしいタラップを登る

スワンナプーム空港に国際線で到着した場合、バスに乗るとイミグレーション（出入国審査場）の近くで降りる。バスの到着口からエスカレーターに乗れば、そこはイミグレーション。たしかに歩く距離は短い。しかしボーディングブリッジの場合、かなり遠くに駐機すると、イミグレーションまでは10分、15分と歩くことも珍しくない。そのぐらいの距離を歩くことは、僕には苦ではなかったが、タイ人は違うようだった。それほどまでに歩くことが嫌いな国民だった。
彼らはボーディングブリッジを使わない格安エアライ

ンは大歓迎かもしれない。しかしバスならいいが、「飛行機まで歩いてください」などといわれると、急に文句をいいはじめるのに違いない。

客室乗務員をフル活用する

飛行機の機内清掃は、もともと空港管轄《かんかつ》のサービスである。清掃スタッフは空港が雇う。便数の多い航空会社は問題ないのかもしれないが、1日1便とか週に3便といったフライトの航空会社にしたら、そのために清掃スタッフを確保するのは大変なこと。そのためその業務を空港に委託しているのだ。

多くの格安エアラインは、この費用も削減している。その代わり、機内清掃は客室乗務員が担当する。格安エアラインの客室乗務員の仕事量は、既存の航空会社に比べるとかなり多い。

老人や身体障害があって車椅子を利用している人が格安エアラインを使う場合の要領についても触れておく。僕はチェンマイに住む老人と一緒に何回かチェンマイ―バンコク間のタイ・エアアジアに乗ったことがある。

車椅子の人へのサービスは空港の担当になる。航空会社を通して連絡を入れておき、チェックイン時に伝えると、車椅子サービス係が空港備え付けの車椅子をもって現れる。本人の車椅子はチェックイン時に機内に預けないといけないからだ。後はその職員が付き添い、飛行機の座席まで車椅子を押してくれる。

タイ・エアアジアの場合、タラップをのぼることになるが、そのときは、客室乗務員も加わる。車椅子を降りた人を彼らが両側から支え、ゆっくりとタラップをのぼる。まったく歩くことができないときは、さらに援軍が加わり、ときには背負って機内まで運んでくれる。

格安エアラインの問題はその費用である。これは空港のサービスだからだ。タイ・エアアジアはチェンマイ空港、スワンナプーム空港とともに、このサービスを受ける契約を結んでいないようだ。ということは、乗客の自己負担になる。それが格安エアラインの流儀である。スワンナプーム空港の場合、1回125バーツだった。余分にかかる費用を乗客の負担にしていくのは、格安エアラインに共通した発想でもある。

混み合う大空港を避ける

運用効率を高めることは、運賃を安くすることに直結する。その場合避けたいのは、多くの飛行機で混み合う大空港である。前述したように、チェンマイでは30分ほどの駐機時間しかなかった。これはチェンマイ空港の離発着便があまり多くないからできることなのだ。

大空港ではそうはいかない。スポットの混雑は沖停めという方法で回避できても、滑走路の混雑はどうしようもない。

離発着のコントロールは、空港の管制塔で行う。飛行機が離陸する前、滑走路の手前で待機することがよくある。

「ただいま管制官からの離陸許可を待っています。いましばらくお待ちください」

といった機内放送が流れたりする。ここで10分、20分と待つことが多い。混み合う大空港では、その頻度《ひんど》が高くなってしまう。運航スケジュールに余裕のある既存航空会社なら問題ないかもしれないが、ぎりぎりのスケジュールを組む格安エアラインにとっては遅延の原因になる。効率的な運航ができなくなってしまうのだ。

格安エアラインが、混み合う大空港を避けるのはそのためである。

加えて大空港は空港使用料が高く設定されていることが多い。経費を削減するうえでも、大空港を避けることは意味がある。

ヨーロッパを代表する格安エアラインであるライアンエアの、広告をめぐる裁判は語り草になっている。ライアンエアはドイツのフランクフルトに就航する際、混み合うフランクフルト空港を避け、市内から120キロも離れたハーン空港に乗り入れることにした。そしてこういう意味の広告を大々的に出した。

〈ロンドン—フランクフルト・ハーン空港就航〉

運賃はルフトハンザドイツ航空より7割も安かったという。乗客はルフトハンザ航空から一気に離れていった。7割も安かったら、誰でもライアンエアを選んでしまう。これに対し、たまりかねたルフトハンザ航空は裁判所に訴えた。

「市内から120キロも離れたハーン空港を、フランクフルトの空港と呼ぶのはおかしいではないか」

訴訟に発展しているわけではないが、同じような空港にロンドンのルートン空港、パリのボーベ空港などがある。

格安エアラインは混み合う大空港を避け、第2空港、第3空港を利用しようとする。しかしその空港は無名で、大都市の中心部からかなり離れている場合が多い。集客の面ではネックになってしまうのだ。それで大都市の名前を借りた表示をする。だから大空港に就航する既存航空会社と衝突してしまうのだ。

アジアでも同じことが起きている。エアアジアはフィリピンのマニラに就航しているが、使用空港はマニラ市内から西北に80キロ離れたディオスダド・マカパガル（旧クラーク）空港である。しかしエアアジアのサイトには、「クラーク（マニラ）」と表示されている。エアアジアは中国の上海に就航していることになっている。しかし、使用空港は杭州にある蕭山空港で、杭州と上海の間は200キロ近く離れている。上海から杭州までの間は高速鉄道が運行されているが、空港へのアクセスを含めると、上海市内からかなりの時間と移動費を要する。にもかかわらずサイトなどでの表示は「杭州（上海）」である。

「これはちょっと苦しいんじゃない」

と、思ってしまう。ハーン空港とフランクフルト市内の間よりさらに離れているのだ。中国の地理に詳しくない利用者にしたら、杭州より上海のほうが数段、知名度が高い。上海という文字を入れたいエアアジアの思いもわかるのだが……。ドイツのように訴訟にまで発展しないのは、それほどの競合路線ではないからなのかもしれない。

大都市郊外の立地をうまく活かした例が、茨城空港だろう。東京から約100キロという距離にあるこの空港は2010年に開港した。日本航空と全日空が乗り入れないことになり、にわかに暗雲がたれこめた。開港しても乗り入れ航空会社がないのでは……という批判が起きてきたのだ。そこで秋波を送ったのが格安エアラインだった。一時はエアアジアの名前があがったが、格安エアラインとしては中国の春秋航空が乗り入れることになった。

自前ターミナルまで用意

バンコクからクアラルンプール経由でランカウイに向かったときに、クアラルンプールで利用したLCCT（ローコストキャリアターミナル）は、第2空港、第3空港使用の発想とは別である。それはこのターミナルの発着スケジュールを見ればすぐにわかる。発着便数があまりに多いのだ。格安エアラインだけが利用しているというのに、混み合う時間帯には5分間隔で離発着がある。そもそもクアラルンプールの既存ターミナルではさばききれない発着便数なのだ。そこで格安エアライン専用ターミナルがつくられた。

このLCCTは、クアラルンプール空港と同じ敷地内にある。といっても敷地の両隅に、既存航空会社が使うメインターミナルと格安エアライン専用のLCCTがあるといった感じだ。他社便への乗り継ぎで、両ターミナル間を移動しようとすると、空港の外周路を通らなくてはならない。油椰子のプランテーションのなかを走る道で、その距離は約20キロもある。

双方にイミグレーションがあるから、国際線どうしの乗り継ぎの場合は、いったんマレー

庶民的な雰囲気のクアラルンプール空港のLCCT

シアへの入国手続きが必要となる。荷物の受け取り、ターミナル間の移動、搭乗手続き、マレーシアからの出国手続きなどを合わせると、乗り継ぎ時間はかなり要すると考えたほうがいい。

　専用ターミナルとしてつくられただけに、格安エアラインが使いやすい設計になっている。というよりエアアジアの使い勝手を考えたターミナルといってもいい。ここでも飛行機までは徒歩というスタイルが踏襲されている。

　開業当初は、飛行機が駐機するスペースまで人が歩く白線が引かれ、それに沿って、スタッフの先導で歩いていた。ところがクアラルンプールは、ときに激しいスコールに見舞われる。これに遭うと乗客はびしょ濡れで機内に乗り込むことになってしまう。そこで敷地内に屋根付きの通路がつくられた。これで濡れずに飛行機まで近づくことはできるが、最後の数十メートルは、飛行機や空港車両の運行の妨げになるので、屋根付きの通路は設置できない。雨が降るとどうしても濡れてしまう。現在、通路の端には、大量の傘が置かれている。ゴルフ場で使うような大型の傘だ。これをさしてタラップめざして進むわけだ。

同じような格安エアライン専用ターミナルは、シンガポールのチャンギ空港にもある。チャンギ空港はターミナル1からターミナル3という構成だが、その他にバジェットターミナルがある。これが格安エアライン専用ターミナルである。ここに行くには、ターミナル2からシャトルバスに10分ほど乗る。案内図を眺めると、そこだけ離れ小島のように映るターミナルである。

つくりはクアラルンプール空港のLCCTによく似ている。巨大格納庫型といっていい。乗客はターミナルから歩いて飛行機に向かう構造である。

このターミナルを主に使うのは、シンガポールの格安エアラインであるタイガーエアウェイズだ。ほかにフィリピンのセブ・パシフィック航空も使っている。しかしクアラルンプール空港のLCCTを使うエアアジアに比べればまだ便数は少ない。将来を見越してのターミナルとみたほうがよさそうだ。

アメリカの格安エアラインであるジェットブルーエアウエイズも、ジョン・F・ケネディ空港内に専用ターミナルをもっている。ターミナル5がそれ。ボーディングブリッジを使う構造だが、なにしろ自前で建てたターミナルである。建設費用はかかったが、空港使用料は大幅に節減されているはずだ。

第三章　「安かろう、悪かろう」ではないのか？

危険な会社は淘汰される

「格安エアライン（LCC＝ローコストキャリア）は安全なのか」

格安エアラインを利用しようと思ったとき、多くの日本人が抱《いだ》く不安である。運賃を下げるため、安全対策をおざなりにしているのではないか……と勘ぐってしまうのだ。

僕もそうだった。はじめて格安エアラインに乗ったときは、やはり疑っていた。

しかしいくら不安でも、運賃の安さになびいていってしまう体質で、頻繁に格安エアラインを利用することになっていった。そしてその体質が昂《こう》じて、格安エアラインで世界をまわる旅まで体験してしまった。その旅は『格安エアラインで世界一周』（新潮文庫）という紀行文にまとまった。そういった経験を通してみると、

「格安エアラインは安全ですか？」

という問いかけはあまり意味がないという気になってくる。

本書の「はじめに」を思い返してほしい。そこで格安エアラインの進化を3つのステージに分けた。日本のような【格安エアライン乗り入れ期】には、安全問題が盛んにとり沙汰されるが、欧米のような【大競争時代】になると、安全論争など吹き飛んでしまうのだ。彼ら

が安全問題に関心がないというわけではない。格安エアラインは、そういう次元を越えてしまっているといったらいいだろうか。彼らに、

「格安エアラインは安全ですか？」

と水を向けても、きっと答えに困ってしまうのだと思う。それは、日本なら、

「日本航空や全日空は安全ですか？」

と訊いているのと同じことになってしまうのだ。そしておそらくこの問題に、はっきりと、「100パーセント安全です」と答えることができる人もいないはずである。

欧米では、既存航空会社の格安エアライン化と格安エアラインの既存航空会社化が同時に進んでいる。安全面では、同じステージの上に立っている。もう区別がないのだ。

そういった激しい競争のなかでは、安全面に不安のある航空会社は、簡単に淘汰《とうた》されていってしまう。そういう世界になってきているわけだ。

格安エアラインの原型をつくったのは、アメリカのサウスウエスト航空である。1967年に創設され、当初はアメリカ南部のダラス、ヒューストン、サンアントニオを結んだ。運賃は長距離バス並みに抑えられていた。サウスウエスト航空のポリシーは、「安い運賃と運航の定時制を守るためには、サービスを最低限にする」というものだった。そのために機種

を統一し、席は早い者勝ちの自由席、航空券も簡素化された。現在の格安エアラインの原型がそこにあったわけだ。

サウスウエスト航空のスタイルは話題になった。やはり圧倒的な安さが目を惹いたのだ。僕の知り合いにひとりの乗り物オタクがいるが、彼はこの飛行機に乗るために、わざわざアメリカ南部に出向いている。

「いや、目からウロコですよ。乗るときもまったくフリー。気楽なもんです。客室乗務員もフレンドリーでね。なにしろ、制服もポロシャツに半ズボンなんですから。しょっちゅうジョークを飛ばすんです」

運賃の安さより、その気楽さに感心した様子だった。飛行機に乗るということは、なにか特別なことのように考えていた彼にはかなり新鮮に映ったのだろう。

アメリカの規制緩和の動きのなかで生まれた航空会社とはいえ、その運営にはなかなか難しい面もあった。大手航空会社がアメリカの空を牛耳っていた。アメリカ政府、大手航空会社、ＩＡＴＡ（国際航空運送協会）という三頭体制のなかで決められていく運賃には存在感があった。サウスウエスト航空は、そういった勢力との訴訟合戦のうえで出発した航空会社でもあった。

サウスウエスト航空は、いまでこそ、５００機を超える航空機をもつアメリカの格安エアライン大手だが、創業当時はアメリカ南部で就航する小さな航空会社にすぎなかった。

この後、欧米の規制緩和を受けて、多くの航空会社が生まれた。そのなかには、格安エアラインとして安い運賃を打ち出す航空会社もあった。イギリスのレイカー航空とアメリカのエア・フロリダは格安エアラインとしてスタートし、事故を契機に倒産に追い込まれていった代表的な航空会社である。

レイカー航空は、初期の格安エアラインとしてよく引き合いに出される航空会社だが、はたして本来の格安エアラインのポリシーをもっていたか……と考えると眉《まゆ》に唾《つば》をつけたほうがいい気がする。むしろ航空ビジネスを模索するなかで生まれた、異形《いぎょう》の航空会社ではないかと思う。

イギリスに生まれたレイカー航空は、ロンドン―ニューヨーク間に、スカイトレインと名づけた飛行機を就航させる。１９７７年のことだ。運賃は片道３万円を切るという、当時では破格なものだった。

レイカー航空をつくったフレデリック・レイカーは、空席が目立ちはじめたこの路線の状況を見ていた。世界のなかのドル箱路線である。既存航空会社は、ボーイング社が鳴り物入りで売り出した747型ジャンボ旅客機を次々に導入した。しかしその席数を埋めるほどの乗客はいなかった。空席を埋めるため、航空業界では、IATAが決めた運賃を無視して値下げする動きが広まっていた。そこに目をつけたのがレイカーだった。レイカー航空はIATAに加盟していなかったから、大手を振って安い運賃を打ち出すことができたのだ。

当然、予約が殺到した。彼の読みが当たったのだ。レイカー航空は安い運賃のスカイトレインの便数を増やしていった。

この勢いにブレーキをかけたのは航空機事故だった。1979年、アメリカン航空が墜落事故を起こす。機材はダグラス社のDC—10だった。事故原因の調査結果が出るまでDC—10の使用が停止された。この飛行機が多かったレイカー航空は、多くの損失を被《こうむ》ったといわれる。

既存航空会社の値引き攻勢も追い打ちをかけた。レイカー航空の躍進に危機感を抱いた既存航空会社は、一致団結してレイカー航空潰《つぶ》しにかかっていく。レイカー航空が飛ぶ時間帯のフライトの運賃をほぼ同じにするか、ときにはそれより安い運賃をぶつけてくるのだ。こういう体力勝負になると、既存航空会社の資金力がものをいう。利用客も、同じ運賃なら、サービスを省略した格安エアラインのレイカー航空より、通常のサービスを受けられる既存航空会社を選んでいく。その後、日本国内でも新規航空会社の参入時にあったようなダンピング合戦が展開された。

1981年には9便のスカイトレインを運航したレイカー航空だったが、その便に空席が目立ちはじめた。

そして1982年、レイカー航空は倒産してしまう。このニュースは、格安エアラインの倒産として、多くの話題を集めた。

しかしこの一連の展開をみると、既存航空会社に挑んだフレデリック・レイカーという風雲児の個性が生んだ航空会社戦争のようにも映るのだ。実際、レイカー航空が使っていたDC—10は、座席数が300もあり、本来の格安エアラインのポリシーである中型機でもなかった。ロンドン—ニューヨークという大西洋路線への就航は、世界の人々の注目を集めたが、格安エアライン向きではない長距離路線だった。規制緩和の動きのなかで、レイカーは既存航空会社に戦いを挑んだ。そこで持ち出したのが格安エアラインのポリシーだった気もする。

アメリカのエア・フロリダを倒産に追い込んだのも事故だった。

エア・フロリダが規制緩和の流れのなかで、安い運賃を打ち出し、マイアミ—ワシントン間に就航したのは1978年だった。格安エアラインとして人気を集め、次々に路線を広げていった。やがて国際線にも進出していく。

しかし1982年、ワシントンの空港を飛び立ったエア・フロリダ90便は、離陸直後に失速。ポトマック川に架かる橋に激突し、凍った川に墜落した。乗員乗客79人のうち74人と、橋上の車のなかにいた4人を合わせ、78人が死亡した。

機材はボーイング737だった。離陸はしたものの、機体が加速しなかったことが原因だった。「失速速度になったとき、エンジンを全開にしていたら、墜落は免れただろう」という見解が事故後に報告された。

墜落後の救出現場の様子はテレビを通じて全米に流れた。尾翼や氷にしがみつく乗客の映像は、飛行機事故の怖さを人々に植え付けることになった。

エア・フロリダは経営面でのトラブルも相次いでいた。そこに、この事故が追い打ちをかける形で、2年後の1984年に倒産した。

インターネットで息を吹き返す

1980年代、欧米の規制緩和が進むなかで格安エアラインは育まれた。しかし既存航空会社に比べれば資本力は弱く、フラッグキャリアとは違って政府の後ろ盾もなかった。そんな航空会社にとって、死傷者の出るような事故は致命的である。倒産に直結してしまうのだ。そういう歴史のなかで、格安エアラインは揉まれてきた。

１９８０年代の後半、格安エアラインは停滞期に入っていく。事故の印象が強烈だったからかもしれない。その格安エアラインが、息を吹き返すのが、１９９０年代だった。いくつかの追い風があった。

そのひとつがインターネットの普及である。インターネットは単に情報を得るためだけのものではなく、クレジットカードを使った決済が可能なツールになっていく。そしてインターネットにつながったパソコンが、一般家庭に入り込んでいったのだ。それが１９９０年代から２０００年代にかけての欧米の環境だった。

格安エアラインはできるだけ経費を節約し、その分を航空運賃に反映させていくという手法をとる。経費削減策のひとつは販売店舗を持たないことだった。

店舗を持たず、航空券を販売していく……。それを可能にしたのがインターネットだった。そんな社会情勢の変化を受けて、格安エアラインは一気に活気づいていった。

この流れは東南アジアに飛び火する。１９９６年にフィリピンでセブ・パシフィック航空、２０００年にインドネシアのライオンエアー、そして２００１年にはマレーシアでエアアジアが誕生した。フィリピンという国は不思議な国で、出稼ぎに頼る経済体質から脱却できないでいるが、航空業界では常にアジアの先陣を切ってきた。フィリピン航空が日本航空より早く運航をはじめた話は、フィリピン人の自慢でもある。

エアアジアを現在の姿にしたのは、トニー・フェルナンデスである。傾きかけていた既存航空会社のエアアジアを1リンギット、当時のレートで約35円で買いとった話は有名だ。イギリスで働いていたとき、ヨーロッパの格安エアライン隆盛を目の当たりにしていた。これはアジアでも必ず成功する……。そう読んだのだろう。

しかしアジアの空の自由化はそれほど進んでいるわけではない。そのなかでエアアジアが路線を広げることができたのは、当時、マレーシアの首相だったマハティールの影響が大きかったといわれる。マハティールはＡＦＴＡ（ＡＳＥＡＮ自由貿易圏）推進派の首相だった。ＡＦＴＡとは、ＡＳＥＡＮ（東南アジア諸国連合）域内の関税を引き下げ、ＥＵ（欧州連合）のような自由貿易地域をつくっていくという構想である。欧米での格安エアラインの急成長は、オープンスカイという空の自由化にも後押しされていたわけだから、エアアジアという格安エアラインも、同じような追い風のなかで伸びていったことになる。

これらに刺激される形で、東南アジアに続々と格安エアラインが生まれていく。シンガポール航空は、子会社の格安エアライン、タイガーエアウェイズを設立、インドネシアにはアダムエア、マカオにはビバ・マカオ航空などが生まれている。

タイでは国内の政治状況がふたつの格安エアラインをつくらせた。エアアジアのトニー・フェルナンデスは、当時のタイ首相だったタクシンと手を組み、タイ・エアアジアをつくった。その動きに呼応するかのように、タイ国際航空は、ノックエアという格安エアラインの子会社をつくった。

当時からタイは、タクシン首相を支持する赤シャツ派と反タクシン派の黄シャツ派が対立していた。タイ国際航空は完全な黄シャツ派、つまり反タクシン派だった。タクシンがタイ・エアアジアをつくるなら、反タクシン派はノックエアの設立で対抗していくという構図である。使う空港も違った。スワンナプーム空港はタクシン時代に完成した。タイ・エアアジアは当然、スワンナプーム空港を使う。しかしノックエアは、ドーンムアン空港を利用した。

この2社はそれぞれが空路を広げているが、その制服まで赤と黄に分かれている。もちろんタイ・エアアジアが赤で、ノックエアが鮮やかな黄の制服を着ている。

この両派の対立は激しくなってきている。反タクシン派は、タクシン外遊中にクーデターを起こし、タクシンを追放した。そしてタクシンを支持する政権に反抗してスワンナプーム空港の占拠に打って出た。その後、反タクシン寄りの政権が成立するが、これに対し、赤シャツ派、つまりタクシン派が抗議行動に出る。２０１０年、バンコクの中心街を占拠し、最後にはバンコクなどに外出禁止令まで出る混乱を招いた。格安エアラインは、そんな国内事情にも左右されている。

アジアにも出現した「問題会社」

欧米でもそうだったように、次々に格安エアラインが誕生する黎明期に事故が起こる。航空会社としての経験不足もあるだろうが、ときに運賃を安くするために、中古の安い飛行機を買い、安全対策も手を抜くという会社が現れる。「安かろう、悪かろう」の典型例といってもいいかもしれない。

インドネシアのアダムエアがそうだった。２００7年、同社は立て続けに事故を起こす。まず1月1日、１０２人の乗客乗員を乗せたメナド行きのアダムエアが、スラウェシ島沖合に墜落し、全員が死亡したといわれる。機材はボーイング７３7だった。

次いで2月21日、スラバヤのジュアンダ空港に着陸しようとしたアダムエアのボーイング737が事故を起こす。着陸に失敗し、空港で炎上した。死者がなかったことは幸いだったが……。

あのころ、バリ島に住む知人がいっていたものだった。

「皆、エアアジアを話題にするけど、インドネシアにはもっと安い格安エアラインがあるんですよ」

それがアダムエアだったのだ。

翌年、アダムエアはインドネシア政府から運航停止の処分を受け、2009年に姿を消した。

目安は機材の更新状態

航空評論家の杉浦一機氏が書いた『エアライン敗戦』（中公新書ラクレ）に、墜落事故がない格安エアラインの一例が載っている。そこで紹介されているのは、サウスウエスト航空、イージージェット、エアベルリン、ライアンエア、ジェットブルー、エアアジアの6社である。どこも格安エアライン大手だ。欧米では既存航空会社と肩を並べて運航している航空会社である。このレベルの格安エアラインには創業から現在まで墜落事故がないのだ。アジアでは、2001年に運航を開始したエアアジアに事故がないことに胸をなでおろす読者がいるかもしれない。

飛行機の安全性を測るひとつの基準は機材の新しさである。格安エアラインの運航が欧米や東南アジアで本格化したころ、ある専門家からこんな話をきいた。

「10年がひとつの節目なんです。新しい機材を買っても、10年後にはさまざまなメンテナンスが必要になってきます。ときには新しい機種に入れ替えていく必要がでてくる。その負担が航空会社の経営に重くのしかかってくるんです。格安エアラインはそれを乗り切ることができるかどうか……。それがひとつの判断基準かもしれませんね」

2009年、僕は太平洋路線以外は格安エアラインを乗り継いで世界を一周した（日本―北米間は格安エアラインが未就航）。そのとき乗ったのは、セブ・パシフィック航空、エアアジア、タイガーエアウエイズ、エアアラビア、エイジアンエアラインズ、イージージェット、エアリンガス、ジェットブルーの8社だった。どこも機材は比較的新しかった。

格安エアラインは中古機材でスタートすることが多い。そして収益があがっていくと、新しい機材に入れ替えていく。僕が乗った格安エアラインの多くは、運航開始後10年から15年といった航空会社だったが、どこも新機材への移行がスムーズにいっているような気がした。

既存航空会社のなかには、古い機材を修理しつつ使っているところがあるが、そういうところと格安エアラインとでは、なにか航空会社としての勢いの違いがあるようにも思えた。もし、僕が航空会社への投資家だとしたら、間違いなく投資先に格安エアラインを選ぶだろう。成長という面では、既存航空会社よりずいぶん輝いて映るからだ。

新しい機材の導入には、多額の資金がいる。それを支えているのが、世界規模の資金の流れである。投資の判断材料が格安エアラインの成長実績なのだ。逆に格安エアラインが大きな事故を起こすと、搭乗客が減るだけでなく、投資家も資本を引きあげてしまう。政府がバックにない格安エアラインは、常にそういう危険性のある場に立たされているということになる。格安エアラインの高い安全性は、僕たちの関心事であると同時に、格安エアラインの順調な経営には欠くことができない要素といえる。

もちろん、世界各国は、飛行機に関する安全基準を設けている。格安エアラインもその基準をクリアーしないと運航はできない。そこに既存航空会社との差はない。しかしそれをクリアーすれば、飛行機は安全というわけでもない。その先の細やかな危機管理は各航空会社に委ねられる。

事故を起こさないことは、格安エアラインが成長していく必須条件のようだ。それを満たすことができなければ、簡単に淘汰されていってしまう。そういう厳しい世界のなかで格安エアラインは就航を続けている。

第四章　押し寄せる「大衆化」

「もう、誰だって空を飛べる」

イサーンと呼ばれるタイ東北地方。その中心都市のひとつであるウドンターニーの空港で、僕はバンコク行きノックエアのチェックインカウンターに並んでいた。ノックエアは、タイ国際航空がタイ・エアアジアに対抗して設立した格安エアラインだ。おもにタイ国内線で運航を続けている。

数人前にひとりのおじいさんがいた。彼は買ったばかりといったジーンズにTシャツ姿だった。日焼けし、皺《しわ》の刻まれたその顔と真新しいジーンズはどう見ても不釣り合いだった。

彼は足元に、竹製の大型びくのような籠《かご》を置いていた。タイの農村ではよく見かける籠だった。田畑に出るとき、これを背負って出かける。なかには野良《のら》道具や布、ちょっとした食べ物や煙草などが入っている。便利な道具だ。おじいさんはこれをもってバンコクに行くらしい。

ノックエアの職員が、その中味をチェックした。すると鎌がひとつ出てきた。

「おじいちゃん、これは客室には持ち込めませんからね」

「そりゃ、困った。息子がバンコクで家を買ってね。その庭の草を刈らなきゃいけないんだよ」

「機内預けにしたら大丈夫ですから。この籠ごと預けますか？」

「機内預け？」

「客室に鎌は持ち込めないんで、荷物室で預かるんです」

「なくならないかい？　これがないと庭の草を刈れないから困るんだ」

職員はどう答えようか……といったそぶりだったが、顔つきは穏やかだった。列に並ぶ乗客の顔にも笑みがあった。

こういうことなんだ。

僕はその光景を眺めながら呟いていた。

エアアジアの機体に、こんな文句が書かれているのを見ることがある。

「NOW EVERYONE CAN FLY」

これをなんと訳そうか。

——もう、誰だって空を飛べる。

そんな感覚だろうか。

エアアジアのポリシーだった。そんなきれいごとだけでビジネスは進まないが、なかなか的を射たキャッチフレーズである。その運賃をみると、たしかにそうだった。バス並みの運賃を提供しているのだ。格安エアラインの別名は「空飛ぶ路線バス」である。

ノックエアに乗ろうとしていたおじいさんは、少し前ならバスに乗ってバンコクに向かっただろう。それがタイでは常識だった。しかし農家の仲間からこういわれたのに違いない。

「ノックエアっていう飛行機がバンコクまで飛ぶようになったんだよ。運賃はバスと同じぐらい。1時間で着いちゃう。息子の家に行くんだろ？　飛行機のほうが絶対に楽だよ」

そういった仲間の家にパソコンはなかったかもしれない。しかしタイの地方都市では大きな問題ではなかった。パソコンを持っている知り合いの会社に頼んでもよかったし、バイクに乗って市内の旅行会社にいけば、わずかな手数料で航空券を買える。

格安エアラインの就航は、世界の各地でこういう現象を起こした。

格安エアラインが乗り入れるとき、かならず既存航空会社の抵抗に遭う。自社便に乗るはずだった客をとられてしまうという危惧を抱くのだ。そんなとき、格安エアラインのスタッフはこういうのだという。

「私たちの競争相手は既存航空会社ではないんです。競争相手はむしろ長距離バス。バスを利用していた人が乗ってきますから」

まあ、詭弁《きべん》である。実際、格安エアラインはバスに乗っていた乗客も集めるが、既存の航空会社に乗っていた客もとり込んでしまうのだ。安全なら、誰しも運賃は安いほうがいいのに決まっている。短い距離なら、機内サービスなどなくても問題はない。

実際、欧米や東南アジアでは、人々は実に気楽に格安エアラインに乗る。そこに緊張感があるわけではない。まさにバス感覚なのだ。

従事者の意識改革

格安エアラインの出現によって変化したものは、乗客の意識だけではなかった。

これまで格安エアラインのコスト削減策をいくつか紹介してきたが、詳しく触れなかった要素がひとつある。それは人件費の問題である。つまり格安エアラインで働くパイロット、客室乗務員、メンテナンスやチェックインなどを担当する地上スタッフの給料である。格安エアラインの安い運賃にいちばん影響している要因は、スタッフの人件費を抑えることに成功したからではないか……と見る人もいる。

これは格安エアラインだけではなく、既存航空会社でも行われてきたことだ。かつて航空業界で働くということは、高い給料を約束されることでもあった。選ばれた人だけが就《つ》ける仕事だったのだ。

パイロットは多くの訓練を重ねる必要があった。英語を流暢《りゅうちょう》に話すことも必要不可欠だった。非常時の対応では、冷静な判断力が問われた。

客室乗務員も同様だった。英語を自在に操れる能力が問われた。緊急避難時の脱出誘導など、機種ごとの訓練を積んだ。ビジネスクラスの担当になれば、ソムリエ並みにワインの勉強を重ねなければならなかった。そしてサービス業に従事する者としての、いつも絶やさない笑みも必要だった。採用試験も厳しい。身長や容姿も判断材料になった。そういう難関を突破したという自負が、笑顔の裏側に潜んでいた。

その能力と努力に見合った収入が約束された仕事だった。

しかし航空業界の運賃競争は年を追って激しくなっていく。航空会社の経営者は、人件費の見直しを迫られることになる。賃金の低い外国人パイロットの採用はその一例である。客室乗務員も外国人やパートタイマー、派遣社員の割合を増やしていく。給与体系も時給制や嘱託扱いにするなど、さまざまな手段で人件費を削減していったのだ。

飛行機も性能を高めていた。コンピュータを駆使し、パイロットふたり態勢で飛行できる機種を各社は導入していった。

格安エアラインもその流れのなかにあった。そして彼らがとり込もうとしたのは、「パイロットや客室乗務員は、特別な職業ではない」という意識改革だった。

第一章で、機内清掃も客室乗務員が行うシーンをお伝えした。こういうことをなんの苦もなくできるのは、旧態依然とした航空業界から離れたところで格安エアラインが出発できたからだ。スタッフの意識改革を徹底していくためには、いいタイミングだったのだ。

仕事柄、カメラマンと格安エアラインに乗ることが多い。事前に許可をとれば違うのだろうが、カメラマンが客室乗務員に、

「写真を撮っていいですか」

と訊くと、断られることがしばしばある。おそらくそのあたりは、客室乗務員の個人判断に任されている気がする。既存航空会社にとって、客室乗務員は航空会社の顔だった。本人は気が進まなかったのかもしれないが、サービスのひとつとして撮影に応じるという不文律があったように思う。しかし格安エアラインの客室乗務員は違う。私たちはそういう仕事のために雇われているのではない……という意識がある。

日本で普及が遅れた理由

既存航空会社は、赤字覚悟で格安エアライン並みの運賃を打ち出すことはできても、スタッフの意識改革まではなかなか難しい。「航空業界に勤めている」というエリート意識を棄ててもらわなくてはならないからだ。なかでも、日系航空会社はその意識改革が極端に遅れているといわれる。

日本航空でのこんな話を聞いたことがある。

機内で音楽や映画の音声を聴くためのイヤホンを乗客に配る。問題はその回収だった。飛行機が目的地に到着する前、それを回収することになったが、それをめぐって、経営陣と客室乗務員との間で議論が白熱したという。「はたしてそれは、私たちの仕事か」という内容だった。そういう発想のなかでは、格安エアラインの客室乗務員のように、機内清掃までこなすのは無理というものだ。

日本への格安エアラインの乗り入れが遅れた一因は、こういった日系航空会社の体質にあったと見る向きは多い。

日系航空会社は、世界に例を見ないほどの高コスト体質である。世界の航空会社が人件費削減に走るなか、高コスト体質を守り続けてきた。日本航空の経営陣が、賃金の安い外国人パイロットの採用に動いたが、パイロットの組合は安全対策を盾に頑として受け付けなかった、というのはその好例だろう。

その背後にあるのは、航空会社に勤務しているというエリート意識だった。そしてその意識を裏打ちする高い賃金だった。正確に比べるデータはないが、日系航空会社の賃金は、格安エアラインの3倍を優に超えているといわれる。

高コスト体質を支えるのは、高い運賃である。そしてこの高い運賃でも納得のゆく高レベルのサービスの提供が客室乗務員の使命でもあった。僕もたまにだが、日系航空会社に乗るときがある。そのサービスのキメの細かさに感心することがある。

あれは日本航空で韓国のソウルに向かったときだったろうか。夕方の便だった。僕の席の近くでは、おじさんグループの酒盛りがはじまっていた。それを見た客室乗務員は、ワインの小瓶をバスケットに入れて届けにいったのである。こういうサービスを受けると、日本人はグッときてしまうのである。

全日空に乗ったときもそうだった。乗客のひとりが、搭乗前に買い込んだ煎餅《せんべい》を食べていた。それを目にした客室乗務員が声をかけた。

「日本茶をお持ちしましょうか」

乗客の思いをくみとってくれるようなサービスに日本人は弱い。もちろん、外国の既存航空会社の客室乗務員にお茶を頼めば、すぐに持ってきてくれる。しかし日系航空会社は、その先のサービスをめざしていた。

「さすが日系は違う」

そんな日本人の感性に届くような気配りがあった。

しかしアメリカの航空会社に乗ると、アルコール類に500〜600円を払わなければならない場合がある。それが世界の航空会社が置かれている厳しい状況だった。日系航空会社がめざす機内サービスは、世界の流れとはしだいに離れていった。

しかしサービスというものは、なかなか難しい。乗客の思いを先取りするサービスにしても、通用するのは日本人客に対してだけかもしれない。アメリカ系の航空会社に乗ると、男性の客室乗務員が、機内食を配りながら、

「アー・ユー・ハングリー？」

などと笑顔で声をかけてくることが多い。そうやってうち解けることに価値を認める人たちもいる。

たとえば日本に向かう便で、海苔《のり》で巻いた寿司を機内食に加えたとする。日本人は喜ぶかもしれないが、日本食に詳しくない人は、海苔をはがして食べたりする。どうすればすべての乗客に喜んでもらえるのか……そのなかで日系航空会社のスタッフは努力を重ねてきたのだ。それは高コスト体質を守るためには必要なことだった。

日本経済が好調だった時代はそれでよかった。しかし出口のない不況が日本を覆《おお》いはじめると、高い運賃の日系航空会社を敬遠する動きが出てくる。いくらサービスがよくても、背に腹は代えられないのだ。日系航空会社は、運賃を下げはじめるが、高レベルのサービスも維持しようとした。ぎりぎりの努力を繰り返していたのだ。

人は報奨を求める動物である。客室乗務員にとっては、その努力に見合った賃金ということになる。

ところが世界にはまったく逆をいく航空会社が出現してきた。サービスを極端に省き、それを運賃に反映するという格安エアライン群である。そのシェアが伸びていく現実は、日系航空会社にしたら足元をすくわれるような動きだったのだ。

日系航空会社は、高コストを維持しようとしたために、国際化に乗り遅れてしまった。日本は経済的に恵まれた時期が長すぎたのかもしれない。ここ20年は、世界の潮流からとり残されていく年月でもあった。

２０１０年、全日空は格安エアラインの新子会社を立ち上げることを表明した。国内線の場合、運賃は高速バス並みという触れ込みである。しかしその内容を見ると、現在の全日空の社員ではなく、新たに採用する社員でのスタートになっていた。

やはりそれしか方法はなかった。現在の全日空の社員で格安エアラインを立ち上げても、高い給与を支払わなくてはならず、格安エアラインとしての競争力を生むことができないのだ。安い給料で新規採用したスタッフで運営しないと、現在の格安エアラインに対抗できる運賃を弾き出すことができない。それが日系航空会社の現実だった。

第五章　変わる個人旅行

「安さ」だけがメリットではない

日本に乗り入れがはじまった格安エアライン（ＬＣＣ＝ローコストキャリア）。その運賃の安さに関心が集中している。しかし格安エアラインの予約システムには、それ以外にも旅行者にとって画期的なふたつの要素が含まれている。

ひとつは日本にいながらにして、格安エアラインが就航する世界中の航空券を安く購入できることだ。そしてもうひとつは、安い運賃の片道航空券が格安エアラインの予約、購入の基本になっていることだ。

先日、ひとりの知人がメールを送ってきた。

「エアアジアの予約がとれました。生まれてはじめて、ネットで航空券を買いましたよ。なんとかできるんですね。バンコクに行きたいから、東京からクアラルンプール、そしてクアラルンプールからバンコク。その往復です」

ネット予約は、画面の案内に沿って進んでいけば、はじめてでも航空券を買うことができてしまう。

しかしこのルートで既存航空会社のチケットを安く買おうとすると、けっこう面倒なことになる。

東京からクアラルンプールまでの往復は簡単に買うことができる。マレーシア航空や日本航空が直行便を就航させている。しかしクアラルンプールからバンコクとなると……。

この話を進める前に、日本で買うことができる航空券について説明しておこう。かなり煩雑な話だが、できるだけ整理して解説する。

格安エアラインが日本に乗り入れたとはいえ、その便数はまだ多くない。2011年1月の段階で、日本に乗り入れている格安エアラインは、ジェットスター航空、ジェットスター・アジア航空、チェジュ航空、エアプサン、春秋航空、セブ・パシフィック航空、エアアジアXの7社だ。これらを利用して日本から直行便や経由便で訪ねることができる目的地は、シドニー、ケアンズ、ゴールドコースト、台北、シンガポール、ソウル、釜山、上海、マニラ、クアラルンプールの10都市にすぎない。それ以外の目的地に向かう場合は、既存航空会社を利用したほうが便利な場合が多い。

既存航空会社の航空運賃は、格安エアラインほど単純ではない。その航空券は3種類に大別できる。

■普通航空券
ＩＡＴＡ（国際航空運送協会）が定める正規運賃の航空券。ＩＡＴＡに加盟している航空会社が就航する路線ならどの航空会社の便にも乗ることができる。もっとも高い航空券で、これを買う人はほとんどいない。

■割引航空券
航空会社自体がネットなどを通して販売する航空券。最近では次に紹介する格安航空券より安いこともある。

■格安航空券
旅行会社を通して買う航空券。基本的にもっとも安い航空券で、流通量も多い。往復が基本で、片道で買うと割高になる。途中で別の空港を経由しても、便名が変わらなければ経由便として安い運賃が適用される。しかし途中の空港で別の便に乗り継ぐ場合はそれより割高になってしまう。これは乗り継ぎ便と呼ばれている。

「格安航空券」の進化

日本発の安い航空券は、格安航空券としてスタートし、そこに割引航空券が絡んでくる形で進化してきた。まず格安航空券から話をはじめよう。

格安航空券は違法航空券としてスタートした。40年ほど前、日本にはこの航空券は存在していなかった。しかし高まる海外旅行熱のなかで、団体割引航空券を個人にバラ売りするという手法が生まれる。旅行会社が架空の団体を装い、団体割引運賃で航空会社から仕入れ、少しマージンを乗せて個人客に売るスタイルである。これに対して、日系航空会社は違法キャンペーンを張り、利用する人が増えることを防ごうとした。

元が団体割引だから、片道分だけ買うとか帰国日の変更ということが原則的にありえなかった。いまでも格安航空券を買うとき、フィックスという言葉を耳にすると思う。これは帰国日や帰国便を変更できない航空券を意味している。つまり格安航空券は、往復かつフィックスで買うことで、安くなったのである。

この格安航空券は急速に流通量を増やしていく。海外旅行者の増加を支えたといってもいい。日系航空会社は、それを止めることに躍起《やっき》になったが、安い航空券を求める動きはどうすることもできなかった。こういう状況のなかで、日本人の海外旅行が一般化していくのだ。

その流れのなかで、僕が編集長を務めた『格安航空券ガイド』という雑誌も生まれた。格安航空券の価格情報雑誌だった。この雑誌には、旅行会社が提供する運賃が掲載された。が、ときどき、利用航空会社の欄に「未定」という文字が印刷されていた。運賃が存在するのに、航空会社が未定というのは妙な話だったが、実はその多くが日系航空会社だった。あからさまに航空会社名を出すと、航空券を卸してもらえなくなる可能性があったからだ。

いびつな航空券だった。考えてもみてほしい。世のなかに、往復という縛りでしか安く販売できないチケットがどれほどあるだろうか。JRのチケットにしても、長距離なら往復割引はあるが、往復運賃は片道分の倍というのが原則である。バスの切符も同じである。国際線の格安航空券だけが、往復でなければ「格安」にならないのだ。

これは日本独自のルールだった。日本発の航空券は、そのなかで進化していく。日本国内では、500円、1000円単位の運賃競争が激しくなる。日本の格安航空券は、しばしばこんなふうにいわれる。

「世界でいちばん安くて、いちばん高い航空券だ」

オフシーズンには世界一安くなるが、ピーク時には普通航空券並みに高くなるという意味だ。それは日本の休暇制度に左右されているからだ。日本人はゴールデンウイークやお盆、年末年始に一斉に休暇をとり、一斉に海外に出かける。閑散期にはほとんど誰も休暇をとらない。そんな需要の増減に対応していくと、ある時期は世界でいちばん安くて、ある時期はいちばん高い航空券になってしまう。格安航空券は、日本らしいチケットなのだ。

その状況に近年、航空会社自らネットで販売する割引航空券が加わってくる。航空会社にしたら、旅行会社を通す販売スタイルでの利幅は薄かった。旅行会社にマージンを払わなければいけなかったからだ。それをなくしたのが割引航空券だったのだ。

この航空券はネットで販売するため、日本にいながら、既存航空会社が就航するどの路線も買うことができた。自宅でロンドン―ニューヨークという航空券が手に入ったのである。そこには片道航空券の設定もある。

割引航空券が格安航空券を凌駕《りょうが》してしまえば、話はさほど複雑にはならなかった。しかしネット販売だけでは、とても飛行機の座席は埋まらなかった。これは世界のどの国でも起きたことだが、日本の場合は旅行会社の力がかなり強かった。航空会社は格安航空券より安い割引運賃を提示することができなかったことも一因だった。その結果、格安航空券と割引航空券が併存することになる。

ここから航空会社と旅行会社のせめぎ合いがはじまった。さらに話をややこしくする現象も起きてきた。航空会社のなかには割引航空券を、旅行会社を通して販売するところも出てきた。発券期限を前倒しにするなど、条件はつけたものの、割引航空券もネットと旅行会社というふたつのルートで販売されるようになってしまったのだ。

利用する我々にしたら、そんな日本の航空業界の話などどうでもよかった。問題は、「航空券は旅行会社から買う」という環境がいつまでも続いたことだった。

世界、とくに欧米では大きな構造変化が起きた。航空会社は旅行会社へのマージンゼロを宣言していく。それは急速にシェアを伸ばしてきた格安エアラインへの対抗策でもあった。航空券の販売が中心だった旅行会社が姿を消していった。いくら売っても収入がなければ、会社は成りたたなかった。

海外発着の航空券が簡単に買える

さて、ここで冒頭のケースに戻る。東京からクアラルンプールに向かい、そこからバンコクに行くケースだ。

既存航空会社を使った場合、東京からクアラルンプールまでは問題ない。格安航空券があてはまる。行きと帰りの便を決めなくてはならないが、安い航空券が手にはいるのだ。しかし困るのはその先だ。

格安航空券は、日本のなかで進化した航空券である。海外では通用しない。

この場合、クアラルンプール―バンコク往復の航空券を手に入れる方法は4つある。

ひとつは普通航空券を買うことだ。料金は高いが、これなら日本で買うことができる。ふたつ目にこの路線に就航する既存航空会社の割引航空券をネットで買う方法もある。

3つ目は、東京―クアラルンプール便と同じ航空会社の乗り継ぎ便を利用する方法だ。この場合はマレーシア航空になるだろうか。マレーシア航空は両方の路線に就航している。旅行会社にマレーシア航空と交渉してもらい、東京―クアラルンプール―バンコクというルートの往復航空券をつくってもらうのだ。

4つ目の方法は、クアラルンプールで航空券を買う方法である。クアラルンプール市内の旅行会社を訪ね、クアラルンプール―バンコク往復の航空券を手配してもらうわけだ。もちろん、この場合、クアラルンプールに1泊以上しなくてはならない。

この4つの方法の料金を比べてみる。普通航空券は論外。割引航空券だが、アジア都市間を飛ぶ既存航空会社の割引航空券は、欧米ほど安くない。

3つ目の乗り継ぎ便を利用する方法だが、クアラルンプール―バンコク間は割引航空券の運賃をベースにしているので、それほど安くならない。もっとも安いのが4つ目の方法になる。

前述の『格安航空券ガイド』には、海外発券の情報ページがあった。海外の信用できる旅行会社の、店舗と販売している航空券の情報を掲載していた。読者は現地の旅行会社と連絡を取り、航空券を購入する。海外の都市で安い航空券を探すのに重宝するページだった。

既存航空会社の安い航空券を使って、日本―クアラルンプール―バンコクという路線を移動することを考えたとき、現地の旅行会社の情報はやはり必要になってくる。

そんな状況のなか、ネット上で簡単に、安い海外発着の航空券を買うことができる格安エアラインの出現は画期的だった。格安エアラインであれば、日本にいながら、海外のどの区間でも安い航空券を買うことができるようになったからだ。たとえば日本にいながら、アラブ首長国連邦のシャルジャからインドのトリバンドラムまでの航空券を安く買うことができてしまう。

２００９年、僕は格安エアラインを使って世界を一周した。そのとき、関空―マニラ、クラーク（マニラ）―クアラルンプール、クアラルンプール―シンガポールまでは日本の自宅のパソコンで買った。しかしその先の、シンガポール―バンガロールはクアラルンプールでネットをつないで買った。その次はシンガポールで……と、海外でその先の航空券を買いつつ旅を続けた。世界のどこからでも、ネットさえつながれば、格安エアラインの航空券は買うことができた。

格安エアラインは、現地でルートを決めたり、状況に応じて目的地を変えていくような個人旅行やビジネス旅行の航空券代を大幅に安くした。世界一周といったような周遊型の旅行も安く実現できる。航空券を片道で安く買うことが予約のベースになっているからだ。ちなみに僕が格安エアラインを使って世界一周したとき、格安エアライン未就航の太平洋路線を含めても、航空運賃は当時のレートで21万9228円だった。滞在費を含めて30万円で世界一周も可能になったのだ。

日本に乗り入れている格安エアラインのなかには、片道航空券が往復にくらべてかなり割高なところもある。しかしこれは日本の航空券事情に影響を受けた例外と考えたほうがいい。格安エアラインの基本は片道航空券なのだ。

海外での移動手段は、なにも飛行機に限定されたものではない。列車に乗ることもあれば、フェリーが便利なルートもある。長距離バスという方法もある。それらのチケットはすべて、片道をベースにしている。そのひとつに格安エアラインがあるという感覚である。

世界のどこからでも自由に航空券を買うことができること。そして片道をベースに安く販売していくこと。格安エアラインはそれを意図してシステムを開発したわけでもない気がする。より安く、シンプルにしていくことを訴求した結果が、いまのスタイルになった。

入国審査での心得

はじめて格安エアラインの予約を入れたとき、飛行機が自由な個人旅行や、急遽《きゅうきょ》、目的地が変わるようなビジネストリップ、そしてバックパッカー旅の手段になるという予感があった。

格安エアラインのチェックインカウンターに並ぶ。そこには実にさまざまな人が列をつくっている。これまでバスに乗っていたような人もいれば、親戚に会いに行く家族もいる。出稼ぎに向かう人も少なくない。経費を節約するためや、便数の多さで選んだようなビジネスマンもいる。ザックを背負ったバックパッカーもいる。路線によってその構成も変わってくる。バンコクからカンボジアのプノンペンに向かうタイ・エアアジアなどは、乗客の半分近くがバックパッカーである。彼らはプノンペンからアンコールワットに向かうのかもしれない。

海外で航空券を買い足していくような個人旅行には、飛行機での移動に特有の、ちょっと面倒な話がある。日本人はあまり問題にならないのだが、搭乗者が到着国で入国拒否にあった場合、航空会社の負担で出発地まで戻さなければいけないという国際ルールである。陸路で移動する場合は、国境で入国拒否されるだけだから、問題はないのだが、飛行機に限ってこのルールが浮上してくる。格安エアラインといっても例外ではない。往復航空券をもっていれば問題はない。もし入国拒否されても、帰りの航空券で帰ってくればいいのだから、航空会社に費用負担は及ばない。

しかし片道航空券で移動していくと、ときにこのルールにぶつかる。

その対処法は3つある。

1：あらかじめ到着国のビザをとっておく。

2：その国を出国する航空券を買っておく。格安エアラインならネットで買うわけだ。空港やネットでその国を出る普通航空券を買う方法もある。この航空券は高いから払い戻しが前提である。しかし航空券の払い戻しはなかなか面倒。買った国のみでの払い戻しとか、その国の銀行口座に振り込むなどといわれることもある。日系航空会社なら帰国して、若干の手数料を払えば払い戻しは可能だが。

3：「もし入国を拒否されても、自分の費用で出国します」という書類にサインする。ただこの書類を用意していない航空会社もある。

もっとも安全で煩雑さがないのは、その先の出国する航空券を格安エアラインで購入し、予約確定画面などをプリントアウトしておくことである。僕が格安エアラインで世界を一周したとき、この方法をとった。実際の旅より、航空券の手配だけ一歩先に進めていなくてはならない。その街に着き、さて次はどこへ行こうか……という旅の醍醐味をひとつ前の国ですませなければならないのだ。

時間に余裕のある個人旅行者なら、ビザをとっていってもいいかもしれない。

しかしこのルールを厳密にチェックするか、しないかは航空会社に委ねられる。普通の日本人なら、入国拒否にあうことはまずないから、大目にみてくれる航空会社も多いということも書き添えておく。

第六章　格安エアライン20の疑問

疑問1：格安エアライン（LCC＝ローコストキャリア）のサイトなどで表示されるもっとも安い運賃はたしかに魅力的ですが、それ以外の運賃を見ていると、既存航空会社の格安航空券より高いときがあるような気がします。料金の高い安いは、どう判断すればいいのですか。また、最安価格を調べる方法はありますか。

格安エアラインはとかく「安い」というイメージが先行しがちだが、必ずしもそうではない。まずこの事実を頭に入れておこう。

たしかに「片道0円！」、「片道1ドル」などというキャンペーン航空券は目を惹く。しかしこの種の航空券は、席数に限りがある。当然、キャンペーン航空券は、すぐに売り切れてしまう。要するに〝早い者勝ち〟の航空券なのだ。

エアアジアXは、2010年12月の就航に先立ち「羽田―クアラルンプール片道5000円」という航空券を売り出したが、これは就航記念キャンペーン運賃。今後、常にこの運賃の航空券が売り出されるわけではない。同じ路線で往路は21000円、復路は25000円で合計46000円（税・サービス料別）という運賃のときもある。格安エアラインでは、手荷物の重量加算、機内食などのオプションを申し込んだ場合、さらに金額がアップすることになる。

「はじめに」でも触れたように、格安エアラインがある路線に就航すると、既存航空会社が対抗措置で料金を下げてくることがよくある。格安エアラインに利用者が流れていくことを防ぐためだ。

ときには格安エアラインより安い運賃を打ち出すこともある。格安エアライン就航から1年ぐらいの間は、その路線にさまざまな運賃の航空券が登場するわけだ。旅行者には嬉しい時期だが、運賃情報のチェックも煩雑になる。

こういったスポット的な価格変動を除けば、格安エアラインのほうが既存の航空会社より安いことはたしかだ。しかし安さを追求するなら、既存航空会社の運賃も気にしなくてはいけない。

格安エアラインの運賃が安いか高いかは、具体的には、旅行会社が販売している格安航空券との比較になる。

旅行会社がホームページなどで公表している金額には、空港税や燃油サーチャージ、取扱手数料など諸費用は含まれていないことが多い。それらを含めた総額を知りたいなら、電話などで確認した方が確実だ。

格安エアラインの場合も、サイト上で機内預け荷物の重量や機内食の有無などを入力し、総額いくらになるのかを確認する。その総額を比較すればどちらが安いかがわかる。

格安航空券や格安エアラインは日程による料金の変動が大きい。旅行可能な期間に幅があるなら、何通りかの日程を調べてみよう。

日本発着では、格安エアラインより既存航空会社の路線のほうがはるかに多い。たとえば首都圏発の上海路線。格安エアラインは茨城発着の春秋航空だけだが、既存航空会社は成田発、羽田発がある。日本や中国の航空会社だけではなく、アメリカの航空会社も候補になるだろう。地方空港からは、韓国の航空会社を利用してのソウル乗り継ぎ便が安くなることもある。その点も考慮しなくてはならない。

日本発着は調べやすいが、海外の都市からの便になるとリサーチはさらに大変になる。しかし最近、既存航空会社と格安エアラインを含めた運賃検索サイトが登場してきている。「スカイスキャナー」(http://www.skyscanner.jp)はその一例だ。このサイトでは、出発地・目的地・出発日・帰国日などを入力すれば、格安エアライン、既存航空会社などの航空券を安い順にリストアップしてくれる。選んだ結果からそのまま予約サイトに飛ぶこともできる。

ただし、検索結果が、必ずしもその時期の最安値を反映しているとは限らないようだ。実際に使ってみると、ズバリ最安値を出してくれるときもあったが、あらためて格安エアラインの予約サイトで検索すると、「スカイスキャナー」の検索結果よりも安い航空券がみつかったこともあった。

このサイトでは、旅行会社が販売する航空券は検索対象から外れている。ただ、格安エアラインの運賃が既存航空会社より安いのか、高いのかを見極めるには役に立つ。

時間に余裕があれば、格安エアラインのホームページをまめにチェックすることや、メールマガジンの会員になって、キャンペーンチケットの情報を得るのも、最安値で旅行するためには効果的だ。

格安エアラインの就航区間を調べるには、「スカイスキャナー」などの検索サイトから入るのが早いだろう。出発地と到着地、搭乗日などを入力し、検索をかける。表示されたエアラインが格安エアラインか確認していけばいい。

疑問2：既存航空会社の格安航空券は、日本の夏休みやゴールデンウイーク、年末年始などのピーク時期に値段が跳ね上がりますが、格安エアラインでも同じように値段が上がるのでしょうか?

格安エアラインの運賃は、ピーク時期だからといって跳ね上がることはないようだ。運賃を左右するのは、時期ではなく、予約状況という発想が基本になっている。

疑問1でも触れたように、格安エアラインの安い運賃の席は早い者勝ち。そのシステムは年間を通じて変わらないというのが、一般的な格安エアラインの考え方だ。だから夏休みや年末年始だからといって、意図的に値段を上げるようなことは基本的にはしない。

夏休みやクリスマスシーズンといった時期は、世界中で旅行者が増える。予約が早くから入ってくる。皆、安い航空券を確保したいからだ。その結果、安い運賃の席が残っている確率は低くなり、高い座席を買うことになってしまう。既存航空会社と比べると、ピーク時の価格上昇幅が小さいので、高めの席も含めて満席になり、購入そのものができないこともある。ピーク時期ではなくても週末は高い席しか残っていない場合も多い。

こういった状況は、日本だけでなく、渡航先の国の祝祭日などによっても左右される。旧暦の正月を祝う国が多いアジアでは、1月末から2月の下旬にかけては帰省客や旅行者が増えるので、安い航空券を購入するのは難しくなる。タイでは4月13〜15日はソンクラーン(タイの旧正月)になるので、この前後は混み合う。逆にいえば、安い航空券を狙っていけば、おのずと混み合う時期を避けることができるということにもなるわけだ。

ただし、なかにはピーク時期には低価格チケットを出さなかったり(出しても非常に少数)、最安の値段を底上げする格安エアラインもあるらしい。ピーク時期でも、「絶対に上がらない」とはいい切れない側面もある。

ピーク時期の旅行を考えるなら、格安エアラインのサイトをまめにチェックし、早めの予約を心がけるといいだろう。

疑問3：格安エアラインの航空券購入のときに、使えないクレジットカードがあると聞きました。どのカードが使えるのですか?

「格安エアラインのサイトで予約し、さて購入というときに、持っているクレジットカードが使えなかった」という話をよく聞く。

各社の予約サイトには使用できるカードが書かれているが、「ビザ」と「マスター」はほとんどの会社で使用できる。日本人にとって困るのが「JCB」が意外と使えないということ。「アメリカン・エキスプレス」、「ダイナースクラブ」も同様だ。

2011年1月現在、日本に就航している7社（エアアジアX、ジェットスター航空、ジェットスター・アジア航空、チェジュ航空、エアプサン、春秋航空、セブ・パシフィック航空）のなかでは、「ビザ」と「マスター」は全社使えた。「JCB」、「アメリカン・エキスプレス」、「ダイナースクラブ」は、1〜3社しか使えなかった。

「JCB」、「アメリカン・エキスプレス」、「ダイナースクラブ」しかもっていない人は、「ビザ」か「マスター」と提携しているクレジットカードも用意したほうがいいだろう。

クレジットカードで航空券を購入するとき、「ＣＶＶ」や「ＣＩＤ」といった番号の入力を求められることがある。これはクレジットカード、デビットカードによるオンライン取引での不正使用防止のセキュリティコードだ。

「ビザ」、「マスター」、「ＪＣＢ」、「ダイナースクラブ」の場合、カード裏面の署名欄に書かれている。そこにあるカード番号最後の４桁の後に記載されている3桁の番号だ。「アメリカン・エキスプレス」の場合は、通常カード表面のカード番号最後の５桁の右上に４桁のセキュリティコードが記載されている。

疑問4：コンピュータに不慣れで、インターネットでの航空券購入に不安があります。代わりに航空券を買ってくれるような、予約代行会社はあるのでしょうか？

格安エアラインの場合、コンピュータに入力する情報が多く、それなりに時間がかかる。アルファベット入力に加え、半角やハイフンなどの制約もあり、ふだんコンピュータを使わない人にはハードルが高い。

シニア層のなかには、コンピュータを使い慣れていない人も多い。日本に乗り入れている格安エアラインのサイトには日本語の表示があるのでまだ楽だが、乗り入れていない格安エアラインのサイトは英語など外国語のみ。第七章で予約方法の説明をするが、英語が苦手の人には難しい面もある。そんな人にとって、予約・購入を代行してくれる会社があれば助かるだろう。

代行ではないが、旅行会社大手のH．I．S．では、格安エアラインから航空券を直接仕入れて販売している。2011年1月現在、エアアジアX、ジェットスター、春秋航空の航空券を扱っている。運賃は各エアラインのサイトでの表示価格と変わらないが、別に手数料がかかる。日本発着便で3150〜5250円。

予約と購入を代行してくれる会社もある。会社が法人カードで決済をし、利用者は後日その会社の銀行口座に代金を振り込むというシステムだ。ただ海外の格安エアラインのなかには、搭乗時のチェックインカウンターで、予約時に使ったクレジットカードを身元保証や確認のために提示させられることもある。航空会社によってはこの方法が使えない場合もあるわけだ。

日本の旅行会社に、「法人カードをつくってほしい」という要望が格安エアラインから寄せられているらしい。需要が増えれば、今後、格安エアラインの予約・購入を代行する旅行会社も増えるだろう。

ただし代行手数料はかかる。手数料に関しては、旅行業法の定めた範囲内で、各社が設定することになっている。日本発着と海外発着で料金は違う。海外発着の方が手数料は高めになっている。

実際の金額はその会社によってさまざま。日本発着の場合、1件につき1000〜5250円、またはチケット代金の10〜20％程度に設定している会社が多いようだ。

疑問5：インターネット上で、クレジットカードの番号などを打ち込みたくありません。できれば現金払いにしたいのですが、クレジットカード決済以外の方法はあるのでしょうか？

ほとんどの格安エアラインが、航空券の購入にクレジット決済を利用している。店舗を持たないことが、格安エアラインのポリシーでもある。販売費用を浮かせて航空券の安さに還元するわけだ。現金で購入するとなると、その方法は限られてくる。例外的に店舗を構えている会社を利用するしかない。

日本に乗り入れている7社は、現段階でチケット販売を行っている店舗を、日本国内に持っていない。空港のチェックインカウンターで、航空券を買うことができるのはエアプサンのみ。それも普通運賃になるので、かなり高額になり、既存航空会社の格安航空券を買ったほうが安くなる。いまのところ日本では格安エアラインから直接現金で航空券を買うのは、ほぼ不可能だ。

ただ、チェジュ航空、エアプサン、春秋航空はクレジット決済以外の方法も用意している。チェジュ航空、エアプサンはコンビニ決済が可能。さらにチェジュ航空は「ペイジー（Ｐａｙ‐ｅａｓｙ）」にも対応している。春秋航空には、コールセンターからの予約で銀行振込ができるシステムもある。注意したいのは、航空券のタイプによっては不可能な場合があることだ。低価格チケットや特別な料金設定のキャンペーンチケットなどはこれらの決済方法は適用されない。クレジット決済のみになってしまう。

エアアジアはバンコクのスワンナプーム空港内や、安宿街で有名なカオサンなどにセールスカウンターを持っている。そこで購入する場合、人件費がかかる分、手数料が高くなり、ネットの表示価格よりも割高になってしまう。

疑問6：予約時の画面で、格安エアラインが用意している旅行保険をすすめられます。この保険には入った方がいいですか？　そもそも航空機事故が起こったときなどの補償は、格安エアラインの場合は小さいのでしょうか？

予約手続きを進めていくと、旅行保険に入るかどうかを問う画面が出ることが多い。この保険に加入しなくても、航空券は購入できる。内容は、会社によって細かな違いはあるものの、現地で事故に遭ったり、病気になった場合や、荷物の紛失や破損などに対する補償がほとんどだ。

この保険に入るか、入らないか……。

損保ジャパンや、東京海上日動火災などの一般的な海外旅行保険や、クレジットカードに付帯されている旅行保険と比べることになる。加入する保険の内容にもよるが、日本でしっかりとした旅行保険に入っているなら、あえて格安エアラインがすすめる保険に加入する必要はないだろう。補償対象やその条件がほぼ同じだからだ。

格安エアラインが推奨してくる旅行保険には不安点もある。保険金の請求などが日本語でできるのか、日本の保険会社なみに多くの相談窓口があるのか……などの問題である。海外の保険会社のものだけに、その状況はわかり辛い。

搭乗機が事故を起こし、けがをしたり、死亡した場合の補償も気になる。格安エアラインは、運賃が安いだけに……。

日本に就航している7社に聞いてみた。

「補償限度額については、事故における責任の割合などの問題があるので、非公表」

という回答だった。事故が起きてみないと詳細はわからないわけで、必ずしも日本の物価水準に見合った補償が出るとは限らない。この問題は、既存の航空会社と同様と考えたほうがよさそうだ。

疑問7：海外発の格安エアラインをネットで予約しようとしたら、「滞在先の電話番号」の入力を求められました。宿泊予定のホテルはありますが、海外で使用できる携帯電話は持っていません。どうすればいいですか？

これは海外発着のチケットを購入する場合に起こる問題だ。求められる電話番号は、固定電話だったり携帯電話だったり、その両方の場合もある。どちらかは必須入力なので、外国人は困ってしまう。現地での電話番号の入力を求めるのは、フライトのキャンセルや大幅な遅れなどが起きた場合、それを伝えるためだ。

固定電話の場合は、宿泊予定ホテルの電話番号を入れれば、まず大丈夫だろう。まだホテルを決めていない場合は、ガイドブックなどで適当にホテルを選んで、その番号を入れておけばいい。

まれにではあるが、現地での携帯電話番号が必須になっている場合がある。これがいちばんやっかいだ。最近では、日本の携帯電話番号が海外でそのまま使える機種や、海外で使用できるレンタル携帯電話もある。しかし、その番号で予約が通るかどうかは、格安エアラインによってケース・バイ・ケースである。

現地に友人や知人がいれば許可をもらって、その携帯電話番号を入力する方法もある。しかし、そんな知り合いがいないとなると、解決策はなくなってしまう。

「適当な番号を入力したら、先に進むことができた」

などという話を耳にしないわけではないが、それをすすめることもできない。

現地での携帯電話番号が必須ではない格安エアラインを、探したほうがいいかもしれない。

欧州系の格安エアラインでたまにあることだが、予約情報入力時にＶＡＴ番号の入力を求められることがある。これは付加価値税登録番号のことで、欧州連合（ＥＵ）内に所在し、商取引をする企業に必要なＩＤのこと。個人や日本人には関係ない。これの入力を求められても無視してかまわない。

疑問8：ネットで航空券を予約・購入しました。予約完了後にメールで予約確認証が送られてくると書かれていましたが、メールが届かないのですが……。

よく耳にするトラブルだ。予約ができていないのでは……と、コールセンターに電話をしたという話も聞く。

ネット予約をした場合、決済が完了し予約が確定すると必ず登録したメールアドレスに予約内容が書かれたメールが届く。

ただし届くまでの時間はまちまち。格安エアラインのシステムやインターネットの状況によっては数分後に届く場合もあれば、数時間後のときもある。なかには数日後に届いた、というケースもある。

実際にタイガーエアウェイズで試してみた。予約完了後にメールが届いたのは4時間30分後だった。日本に住んでいると、こういったレスポンスは速いことが多いので、これほど時間がかかるとつい不安になってしまう。まずはしばらく待ってみることだ。

それでもメールが届かない場合、メールボックスの迷惑メールフォルダに入っていないか確かめてみよう。このケースがいちばん多い。件名が英語だったりすると、迷惑メールとして振り分けられる可能性が高いからだ。

それ以外の原因としては、登録したメールアドレスが間違っている場合がある。先方のシステム上のトラブルの可能性もある。

メールが届かなくても解決方法はある。予約時にプリントアウトもしくはメモしておいた予約番号があれば、格安エアラインのホームページからも自分の予約状況の確認ができる。「予約の確認」や「マイ　フライト」などの項目をクリックし、予約番号や姓名を入力すればいい。その画面から予約状況のメールを再送信できる格安エアラインが多い。

「予約の際に、Gメールやホットメールなど、フリーメールは使えない」という噂も耳にする。いくつかの格安エアラインや旅行会社に聞いてみたが、フリーメールでも大丈夫とのこと。

ただ、旅先のネットカフェのパソコンなどで予約を取る場合、セキュリティの関係で、格安エアライン側もしくはネットカフェ側のサーバーが受け付けないというケースは考えられる。

疑問9：予約を入れてから、他の用事が入ったり、体調を崩した場合、キャンセルや変更はできるのでしょうか？

フライトのキャンセル。これは基本的に不可能と考えておいた方がいい。ただ、航空券のクラスが高い、つまり運賃が高いクラスの場合、キャンセル可能なものもある。が、手数料はとられる。格安エアラインの真骨頂であるキャンペーン価格チケットなどは、まずキャンセル不可能だ。

旅行会社などで販売されている既存航空会社の格安航空券も、発券後のキャンセルはできないのが原則。とはいっても、現場判断で融通を利かせてくれる場合もある。しかし、格安エアラインは、このあたりの融通がほぼ利かない。ただし、航空券代は戻ってこないが、空港税や燃油サーチャージなどは申請すれば出発日以降に戻ってくる。

しかし例外的な格安エアラインもある。チェジュ航空は、どのクラスのチケットでもキャンセルが可能。しかも出発時間直前でもキャンセルが可能で手数料は６０００円。出発後のキャンセルは手数料が８０００円になっている。

続いて予約内容の変更。日程の変更については受け付けてくれる格安エアラインが多い。変更手続きはホームページやコールセンターで行う。名前のスペルを間違ってしまったり、別の人にチケットを譲渡したりして搭乗者の名前を変更する場合も同様だ。なかには春秋航空のように、変更ではなくすべて払い戻し扱いとなり、新たに予約を入れ直す、というシステムの会社もある。これらの変更手続きにも各会社規定の手数料はかかる。この手数料が結構高い場合が多いので、できるだけキャンセルや変更はしないようにしたい。

パスポート番号の入力ミスの訂正もほぼ同じ。しかし、仮に誤って入力していたことが判明しても、搭乗前、チェックインカウンターでパスポートを見せれば、まず大丈夫。パスポート番号よりも、パスポートの名前とチケットの名前が違っている方が大問題。この場合は搭乗拒否される可能性がかなり高い。

日本に乗り入れている7社のコールセンターは、日本国内から電話をする場合はすべて日本語で対応してくれる。チェジュ航空はソウル、エアプサンは韓国内、春秋航空は上海のコールセンターでも日本語対応可能。ジェットスター航空は全エリアのコールセンターで日本語対応可能。エアアジアXの日本のコールセンターはフリーダイヤルを使っているので、海外から国際電話で問い合わせることはできない。

疑問10：予約確認証のプリントアウトを、空港に持ってくるのを忘れてしまいました。搭乗はできるのでしょうか？

原則としては、予約確認証のプリントアウトをチェックインカウンターで見せることになっている。これがなければ搭乗を拒否する場合がある、と規約にも書かれていることが多い。拒否する〝場合がある〟ということは、拒否しない場合もあるのでは……。日本に就航している格安エアライン7社に訊ねてみた。

どのエアラインも予約番号とパスポートがあれば大丈夫ということだった。春秋航空は、クレジット決済をしていれば、予約番号がなくても決済をしたクレジットカードを見せれば搭乗できる。念のため予約番号はメモに書いてパスポートのなかに入れておくといいかもしれない。

海外の場合も日本とほぼ同じだ。前述の方法で証明ができれば大丈夫だ。しかし国によってはトラブルになる可能性もあるらしい。許可するか拒否するかは現場判断によるところが大きいとのこと。やはり予約確認証は忘れないようにしたい。

海外の空港で、ノートパソコンに入れたPDFファイルを開いてチェックインカウンターの係員に見せている乗客を見たこともある。パソコンを持ち歩いている人は予約完了時の確認メールに添付されているPDFファイルのデータを保存しておくと、いざというときに役立つだろう。iPhoneなどのスマートフォンをもっている人なら、PDFファイルを入れておけば、開いて見せるのも簡単だ。

海外で予約を取った場合、プリントアウトが難しい場合がある。ノートパソコンは持参していても、プリンターを持ち歩く人は少ない。ホテルなどのプリンターを借りるという手もある。ネットカフェでプリントに応じてくれることもある。しかしプリンタードライバーなどの関係で出力できないことも考えられる。プリントアウトできなければ、前述のようにカウンターでパソコン画面を見せる方法を使うといい。メールが届かなかった場合のことも想定して、予約完了画面をスクリーンキャプチャー（画像）として保存しておくと、より安心だろう。

ノートパソコンを持っていない人は、ネットカフェやホテルのパソコンを使うことになる。そのときは、事前にプリントアウトが可能かどうか確かめておくといい。

疑問11：格安エアラインは手荷物の重量規制が厳しいと聞きました。重量オーバーした場合はどのくらい追加料金がかかるのでしょうか？

既存航空会社の場合、預ける荷物（受託手荷物）はエコノミークラスで通常20キロ程度までは無料である。しかし格安エアラインは違う。受託手荷物そのものが有料の場合がある。しかもその重量によって支払う金額も変わってくる。

既存の航空会社でも、受託手荷物の重量には上限が設けられている。オーバーすると追加料金が課せられる。ただ、2～3キロ程度の超過であれば大目にみてくれることが多い。

しかし、格安エアラインはこの重量オーバーに対してシビアである。燃費をよくするために、少しでも重量を減らそうとしているのだ。そして荷物が重い場合は、余分にかかる燃料費の一部を乗客に負担してもらうという発想である。

エアアジアは、預ける荷物がなければ無料だが、ある場合は有料。預ける荷物が重いほど高くなる。機内持ち込みの手荷物は基本的に無料だが、重量の上限（7キロ）が決められている。それを超えると追加料金が課せられる。

エアアジアの場合、予約時に払ったほうが安くなる。預ける荷物がある人は、事前にその重さを決めるか、量っておき、予約時に支払うわけだ。当日、チェックインカウンターでも支払うことはできるが、かなり割高になってしまう。

春秋航空はもう少し緩やかだ。受託手荷物と機内持ち込みの手荷物の合計が15キロまでなら無料というルールだが、機内持ち込み荷物の重さを量らないこともある。

追加料金は1キロごとにいくら、と決められている。その料金は各エアラインや運賃によって違いはあるが、日本発では1キロ1０００円程度。

機内持ち込み荷物を搭乗口前で厳しくチェックする格安エアラインもある。少し大きめのバックパックやキャリーケースなどを持ち込もうとすると、呼び止められ計量させられる。もしそこで重量オーバーが発覚すれば、その場で追加料金。格安エアラインのチェックインカウンター前や搭乗口前でよく荷物の整理をしている乗客を見かけるが、これは追加料金をとられないように、重量の調整をしているのだ。

安い運賃の航空券を手にできても、荷物代で出費が増えたら元も子もない。機内持ち込み荷物も、出発前に体重計などで重量を量っておく。格安エアラインを安く利用するコツでもある。

疑問12：旅費をできるだけ抑えたいので、格安エアラインで徴収される手荷物代にあまりお金をかけたくありません。荷物をコンパクトにまとめるコツはありますか？

疑問11で説明したように、格安エアラインでは、荷物は軽ければ軽いほど余計な出費がかさまなくてすむ。旅の費用を安くするためには、いかに荷物をコンパクトにするかを考えたほうが得策だ。

ここでいう〝コンパクト化〟とは、あくまでも〝軽量化〟である。荷物類を小さくまとめても、重量が重くなっては意味がない。

軽量化の第一歩は旅行用のスーツケースだ。大きなハードケースタイプなどはそれ自体が5〜7キロになる。仮に上限15キロの荷物設定を選んだとすると、あと8〜10キロ分の荷物しか入れることができないことになる。小さめのソフトキャリーバッグなどにし、バッグ本体の重量を減らすことだ。できることなら小型のキャリーバッグに荷物をまとめ、機内持ち込みだけにする。

日本でも２００９年12月1日から航空機の国内線機内持ち込み荷物の規定が変わった。それを受け、よりコンパクトで軽いバッグやスーツケースが発売されている。格安エアラインを利用するのを機に、バッグを替えることもいいかもしれない。

格安エアラインのキャビネットは、既存航空会社より容量が小さくなっていることが多い。例えばエアアジアXの機内持ち込み手荷物のサイズは、幅56×高さ36×奥行き23センチまで、重量は7キロまでが無料。３辺の合計は１１５センチだが、新しく買うなら、このあたりを目安にしたほうがいい。

なかに入れる物は、必要最低限のものに絞っていく。帰りはお土産などが追加されることも考慮しておこう。衣類は旅行日程に左右される。下着類は３〜４枚、アウター系も２〜３着といったところだろうか。衣類は現地で洗濯することもできる。ホテルのランドリーサービスも、アジアならそう高くない。

女性のなかには、服に合わせて靴も数足持っていく人がいる。が、これがけっこうな重さになる。履き替え用は軽めのサンダルにするなど工夫したいところだ。

ドライヤーは小型で軽量のものを選ぶ。最近のホテルには、ドライヤーが備え付けられるようになってきたので、場合によってはいらないかも。洗面用具や化粧品類も、旅行用のコンパクトなセットにしよう。

「もしかすると必要かも？」と思い、ついつい荷物が増えてしまう。しかし、「もしかすると……」と思う物はまず使わないケースが多い。

機内持ち込み荷物でいちばん重さに影響を与えるのはパソコン。最近のノートパソコンの重さは約3キロ前後。できればミニノートパソコンやタブレット端末にしたいところだ。本も文庫や新書など軽めのものにし、読み終わったら現地で捨ててもいい。

写真が趣味という人は、ちょっと悩むかもしれない。カメラやレンズなどは、精密機器なので預けるわけにはいかない。カメラ機材だけでも重いのに、これにパソコンが加わると10キロを超えてしまう場合もある。できるだけ機材は少なめに抑えたい。

機内持ち込みのみにするか、預ける荷物と併用するかは各自の判断になる。格安エアラインの重量規定はかなり厳しい。せっかく安いチケットを手に入れても荷物で余計な料金を払わされないように工夫するしかない。特に搭乗直前の重量オーバー発覚は出費額が大きくなる。

疑問13：格安エアラインでは、機内に毛布や枕もないと聞きました。快適に過ごすために、代用品としてなにを持っていけばいいでしょうか？

機内の空調は、冷房が効きすぎていて少し寒く感じることが多い。そんなとき既存の航空会社だったら各座席に置いてある毛布を使えばいい。座席にない場合は、客室乗務員に頼めば持ってきてもらえる。

しかし、ほとんどの格安エアラインでは、機内に毛布や枕が常備されていない。ほしい人は事前にお金を払って買うか、借りるかしかないのだ。

自分で用意すれば問題ないのだが、荷物は極力少なくしたい。そこで代替品。夏以外ならジャケットやウィンドブレーカーなど、着ているものをそのまま利用すればいい。夏場でもトレーナーや薄手のカーディガンを持ち込めばなんとかなる。

枕は旅行用のエアーピロー（空気枕）がおすすめ。これなら使わないときは空気を抜けば小さくなるし、重量も微々たるもの。

エアーピローやエアークッションを、新たに買うなら、格安エアラインが販売しているものを買った方が値段は安くなるという発想もある。エアーピローやエアークッションは、日本の旅行用品売り場で買うと、安いものでも1000円前後はする。

ジェットスター航空では、エア・ネックサポート、毛布、アイマスク、耳栓などがセットになった「コンフォートパック」が予約時に購入すれば600円、機内価格でも8オーストラリアドル（約670円）だ。「コンフォートパック」は、オーストラリア行きなど長距離線で販売している。

エアアジアも毛布、空気枕、安眠マスクがセットになった「快適キット」を1000円で用意している。日本発着便以外なら25リンギット（約670円）とさらに安い。

どうせ買うなら、こちらの方を選んでみるのもいいかも。格安エアライン搭乗の思い出にもなる。

疑問14：機内食は有料だと聞きましたが、どんな食べ物が販売されているのですか？また、機内に飲食物を持ち込めるのでしょうか？

格安エアラインでは、機内食も有料オプションになっていることが一般的。機内食を楽しみにしている人には寂しいシステムだが、オプションなので買えば食べることができる。実際、どんな機内食が販売されているのか。既存の航空会社の機内食と比べれば正直、見劣りはしてしまう。

ドリンク類は水、お茶、ジュースなどのソフトドリンクからビールやワインなどアルコール系もひと通り販売している。

日本乗り入れ7社のなかでは、エアアジアXのメニューがもっとも充実している。値段は各社によって違うが、カップ麺やサンドイッチなどの軽食類なら500円以内といったところだ。

アジアの格安エアラインで食べる人が多いのがカップ麺。アジア系ならどの格安エアラインも積んでいる。欧米の格安エアラインでは、サンドイッチ類が充実し、カップ麺は積み込まれていない。

これらの有料機内食は、航空券の予約時にオーダーしておけば、予約なしで機内で買うよりも安くなることがある。

機内で買う場合、使える通貨は、出発地と到着地の国の通貨が基本。日本発着なら日本円も使える。アメリカドルも使えることが多い。ただしお釣りはエアラインが拠点にしている国の通貨になることが多い。アメリカドルの1ドル紙幣は、小額の支払いには便利だ。使える航空会社なら、用意したい。支払いにクレジットカードが使えるかどうかは、格安エアラインによって違ってくる。

無料の機内食が出ないなら、「食べ物を持ち込もう」と考える人もいるだろう。

しかし、日本の国内線のようにはいかない。航空会社や空港の規則で持ち込みができないことがあるのだ。

まず空港のルール。日本の空港の場合、国内線・国際線問わず、基本的に持ち込みはＯＫである。ただし、お茶などの液体物と鯖鮨《さばずし》などは不可になっている。これはどの国でも同じだが、セキュリティチェックや検疫の問題である。逆にいえば、出国審査が終わった後に空港内で販売されている飲食物は基本的に大丈夫……ということになる。

しかしそこでも条件がある。機内への飲食物の持ち込みは、空港の規則より、航空会社の規程が優先されるのだ。

これはなにも格安エアラインに限ったルールではない。「なんとか機内食を買ってもらおう」などとソロバンをはじいているわけでもない。持ち込まれた食べ物で食中毒が起きたり、体調を崩されるリスクを避けるためだ。

いちばん確実な方法は、搭乗前に食事をすませてしまうことである。空港内のレストランが高いと思うのなら、コンビニで弁当を買って空港で食べてしまえばいい。韓国や中国、台湾への飛行時間は直行便で約2〜4時間。東南アジアへの6時間を超えるフライトでも、出発前に食べておけば我慢できないこともない。

疑問15：格安エアラインの機内では、映画や音楽のサービスもないと聞いています。機内での時間潰しの方法を教えてください。

「格安エアラインでのフライトは、暇をもて余す」という話をよく聞く。その理由は映画や音楽といったエンターテインメント系のサービスがないからだ。新聞、雑誌も積まれていない場合がある。

それに機内食。食事もいい時間潰しになっているのだが、それも購入すればの話。乗る前に食事をすませてしまえば、その時間もぽっかりとあく。

格安エアラインの機内でのすごし方は人それぞれ。ここではそのいくつかをご紹介しよう。もちろんこの方法は既存の航空会社でも応用できる。

定番は読書。文字がたくさん詰まった昔の文庫本なら、読むのに時間がかかる。次いでニンテンドーDS、PSPといった携帯型ゲーム機、iPodなどのデジタルオーディオプレーヤー、iPhoneなどのスマートフォン。

パソコンを持っている人は映画などのDVDを持参して観るのもいい時間潰しになる。パソコンを持っていない人は小型の携帯用ＤＶＤプレーヤーを用意するのもいい。

ただしこれらの機器には使用制限がある。まず、飛行機の離発着時には使うことができない。安定飛行に入っても、電波を発するものや通信機能がついているものは使えない。携帯電話の電源を切ったままにするのはそのため。携帯電話機のゲームは楽しめないのだ。しかしスマートフォンや携帯型ゲーム機には、「機内モード」など電波を発しない設定ができる機種もある。電波を停めた状態であれば、安定飛行中に使用できる。

ここまで挙げたなかでは、デジタルオーディオプレーヤーやスマートフォンがもっとも格安エアライン向きだと思う。最近の機種は音楽を聴くだけでなく、動画を見ることも、ゲームをすることも、電子書籍を読むこともできる。軽いし、電池の持ちもよくなってきた。これさえあれば、格安エアラインのフライトもあっという間かもしれない。

その他、隣の人と話をするとか、機内の人物ウォッチングなど考えられる。

しかし、もっとも時間が潰れるのはやはり「睡眠」ということになろう。座席が狭くて眠り辛いのが難だが、前日の睡眠時間を削っておいて、眠気を誘うのも一計だ。

疑問16：格安エアラインの狭い座席で、エコノミークラス症候群にならない秘訣はありますか?

格安エアラインはより多くの乗客を乗せたいので、座席数をギリギリまで増やしている。前後の座席間隔（シートピッチ）は、既存航空会社よりも狭い。

座席間隔は飛行機の機種により多少の違いはある。が、既存航空会社のエコノミークラスが83センチ程度なのに対して、格安エアラインでは71～80センチが一般的だ。

狭い座席と聞いてまず思い浮かべるのが、エコノミークラス症候群への不安だろう。

飛行時間が2～3時間と短くても、座席が狭いとやはり苦痛に感じる。ストレッチをしようにもスペースがないし、隣の乗客にも迷惑がかかってしまう。できるとしたら、膝を左右に動かす、両腕を真上に上げて伸びをする、両腕を後ろに引き、胸を前に突き出すなどの運動くらいだろう。あとは適度に水分を補給したり、靴を脱いで血行をよくすることが、エコノミークラス症候群の予防になる。

窓側の席が好きな人もいるだろうが、格安エアラインの座席ではあまり人気がない。予約の際の座席指定でも、どちらかというと窓側よりも通路側の方が先に埋まっていく。これには理由がある。トイレなどに立つ場合、シートピッチが短いので真ん中の席と通路側の席の人に立ってもらわなければ出られないのだ。これがなんとも申し訳ないやら面倒くさいやらで、敬遠する人が多いのだ。

短い飛行時間なら搭乗前にトイレをすませておけば大丈夫だが、4時間以上だとそうもいっていられない。座席指定は有料という格安エアラインは多いが、座席だけはお金を払って、通路側を指定する人が多い。

座席間隔の狭さは苦痛である。なんとか楽にすごせないものか……。

僕の場合、腰を座席の前側にずらし、膝をもち上げるようにして前の座席にピッタリとくっつける体勢にすることがある。こうすると、腰への負担が減って、若干、眠りやすくなる。しかし前の座席に人が座っていると、その人が動くたびに膝が動く。格安エアラインも、座席はわずかだが後ろに倒れる。それを繰り返されると、なかなか眠れない。テーブルを倒し、そこに頭を載せて寝ようとする人もいる。

狭い機内。それぞれ、少しでも快適にすごそうと、あれこれ考える。それが格安エアラインというものかもしれない。

疑問17：同じ日に乗り継ぎをしての旅行を考えています。飛行機が遅れて、次の便に乗り継げなかった場合、航空会社はどう対応してくれるのでしょうか。

ケースによって対応が変わってくる。

まず航空会社側に遅延の責任がない場合。対応は、格安エアライン各社の規約によって定められている。予約時に出てくる「利用規約」にも書かれている。悪天候や空港管制の遅れ、ストライキなどの理由で遅れた場合は、その後の乗り継ぎ便の補償や払い戻しなどはされない。これは既存航空会社も同様だ。

では、機材のトラブルなど航空会社側に責任がある場合はどうなのか？　これも会社によって独自の規約が設けられている。エアアジアやジェットスター航空などの規約を要約すれば次のようになる。

――航空会社の責任で遅延が生じ、乗り継ぎ便に搭乗できなかった場合、乗り継ぎ便が自社便の場合に限って、次の便を手配するなどの補償をする。

ということは、他社便に乗り継ぐ場合は補償をしないということだ。このルールは既存航空会社と同じである。

遅延や乗り継げなかったといった場合の、旅行者個人と航空会社のパワーバランス。これは、基本的に航空会社の方が強いというのが旅行業界の常識になっている。

格安エアラインのなかには、自社責任であっても一切の補償はしないというところもある。航空会社は基本的に「2地点間を安全に運ぶ」ということが使命。たとえ遅れて到着しても目的地まで無事に運べば、責任は果たしたという認識である。

これらの対応は、あくまでも現場判断に委ねられている。特に遅延責任がエアライン側にある場合は、英語で粘り強く交渉したほうがいい。こちらの主張に説得力があれば、なにか譲歩が引き出せる可能性がある。

では、自分の責任で乗り遅れてしまった、という場合はどうか。乗り継げなかった場合を含め、一切の補償はしてくれない。

既存の航空会社でも状況は同じなのだが、ある程度の便宜を図ってくれる場合もないわけではない。格安エアラインでは、そういったルールの適用は、既存航空会社よりやや厳格と考えておいた方がいいだろう。

疑問18：同じ航空会社の便への、あるいは他社便への乗り継ぎ時間は、何時間くらい見ておけばいいですか？

複数の国をまわったり、その国の国内移動に飛行機を使うとき、格安エアラインは強い味方になる。格安エアラインが発達した地域なら、移動費はまさに長距離バス並みに抑えることができる。

日本に近いエリアでは、東南アジアがそれにあたる。マレーシア、タイ、インドネシア、シンガポール、ベトナム……。格安エアラインの片道でつなぐ周遊旅行が実現する。これらの国の国内にも充実した格安エアライン網が整いつつある。片道航空券が数千円ですむことも珍しくない。

こういう旅行プランの場合、空港での乗り継ぎが増えることになる。しかし、飛行機の運航は、列車やバスに比べると不安定なことが多い。

疑問17でも説明したように、飛行機が遅れた場合、補償してくれる場合もあれば、してくれない場合もある。仮に補償をしてくれても翌日の便になると、日程がずれてしまう。

そこで気になるのが、飛行機の乗り継ぎに要する時間である。

既存の航空会社の場合、同じ会社での乗り継ぎというと、空港内での移動をさすことが多い。

しかし格安エアラインが絡むと、そうはいかない。格安エアラインは、混み合う大空港を避ける傾向がある。クアラルンプールやシンガポールのように、メインターミナルとは別に、格安エアライン専用ターミナルができあがっているところもある。乗り継ぎには、既存の航空会社より、はるかに時間がかかると思ったほうがいい。

乗り継ぎには、同じ航空会社間の乗り継ぎと、他社便への乗り継ぎがある。

まずは同じ航空会社での乗り継ぎ。東京からクアラルンプール、さらにバンコクというフライトを考えてみる。

格安エアラインではない、たとえばマレーシア航空でこのルートを飛んだとする。利用するのは、クアラルンプール空港のメインターミナル。マレーシアには入国せず、ターミナル内での移動ですむ。日本出発時に荷物を預けるとき、最終目的地が記されたタグがつくので、クアラルンプールで荷物を受けとる必要もない。

しかし格安エアラインであるエアアジアは、クアラルンプール空港の敷地内にあるLCC

T（ローコストキャリアターミナル）を使う。格安エアラインはふたつの都市間を結ぶという発想が強いため、マレーシアにいったん入国し、荷物を受けとり、再度、バンコク行きのエアアジアにチェックインすることになる。乗り継ぎ時間は余計にかかるわけだ。エアアジアを使った場合、LCCT内の移動ですむため、まだ楽な乗り継ぎだろう。

次に別の格安エアラインに乗り継ぐ場合を考える。クアラルンプールからエアアジアでシンガポールに向かい、そこからタイガーエアウェイズに乗り継いでインドのチェンナイを目指すケースはどうなるか。エアアジアは、シンガポールのチャンギ空港のターミナル1に着く。しかしタイガーエアウェイズは、チャンギ空港のバジェットターミナル（格安エアライン専用ターミナル）から出発する。この場合も、いったんシンガポールに入国し、荷物を受けとり、シャトルバスでバジェットターミナルに向かい、タイガーエアウェイズのチェックインをすることになる。両ターミナル間をバスで移動するだけで30分から1時間かかる。

疑問19で取り上げるが、同じ都市でも乗り継ぐ航空会社が別の空港を使っている場合は、さらに時間がかかる。

格安エアラインの場合、既存の航空会社より、乗り継ぎに余裕をもったほうがいい場合が多いということだ。

航空会社では、MCT（Minimum Connecting Time）を設定している。これは乗り継ぎに要する最低時間のことだ。エアアジアを例にとると、国際線は最低4時間、国内線は最低3時間のMCTをとるように促している。

ただし、この時間はあくまでも目安。飛行機が到着してからの時間だから、大幅な遅延の場合は焦ることになる。乗り継ぎを安易に考えている人もいるが、スリリングな綱渡りでもあるのだ。

不安なら、翌日の便にするという方法もある。スケジュール的な問題もあるだろうが。時間とは関係ないが、ビザが必要な経由国を選んでしまうと、乗り継ぎのためだけにビザが必要になる。経由国のビザ情報も確認しなくてはならない。

疑問19：乗り継ぎのために、到着空港から別の空港へ移動しなければなりません。その空港への交通手段の調べ方を教えて下さい。

乗り継ぎで別の空港へ移動しなければならないときは、あらかじめ行き方を把握しておく必要がある。格安エアラインが利用する空港には、離発着便が少ないマイナーな空港もある。別の空港へのアクセスに思わぬ時間を取られてしまうことになる。

空港から市内への移動手段は各空港のホームページを見れば掲載されている。日本語サイトは期待できないので、英語になってしまう。

空港から空港への移動はホームページに情報がない場合もある。日本では茨城空港から成田空港に移動しようと思えば、バスを乗り継がなくてはいけないが、両空港のホームページに、空港間のアクセス情報はない。中国でも杭州蕭山空港のホームページに、上海の各空港へのアクセス情報はない。一度杭州市内へ出てから移動することが基本になる。

ガイドブックで調べることも有効だろう。インターネットで検索をかけると、過去に行ったことがある人などがそれらの情報をアップしていることもある。英語に自信がある人は、その格安エアラインに訊ねてみるのもいいだろう。

格安エアラインがらみで、空港間を移動しなければならないのは、次のようなケースが考えられる。

■国際線から国内線へ乗り継ぎをするとき。

上海の浦東国際空港から、国内線が多く離発着する上海虹橋国際空港に移動するような場合。この両空港の間には、バス、地下鉄路線がある。移動に2時間はみたほうが安全だろう。

■格安エアラインが小さな空港を使い、そこから既存航空会社が使う大空港に移動するとき。またその逆のケース。

ドイツのフランクフルト・ハーン空港から、フランクフルト国際空港に移動するような場合。バス便があるが、移動に2時間はかかる。

格安エアラインの都市・地域認識をベースに、移動が必要な代表的な都市・国の空港をいくつか挙げておく。

【アジア・中東】

ソウル：仁川国際空港、金浦国際空港

上海：上海浦東国際空港、上海虹橋国際空港、杭州蕭山国際空港
香港：香港国際空港、深圳宝安国際空港、マカオ国際空港
台北：台湾桃園国際空港、台北松山空港
マニラ：ニノイ・アキノ国際空港、ディオスダド・マカパガル国際空港（旧クラーク国際空港）
バンコク：スワンナプーム国際空港、ドーンムアン空港
UAE（アラブ首長国連邦）：ドバイ国際空港、シャルジャ国際空港
エジプト：カイロ国際空港、アレクサンドリア国際空港
【ヨーロッパ・アメリカ】
ロンドン：ヒースロー空港、ガトウィック空港、ロンドン・ルートン空港
パリ：シャルル・ド・ゴール国際空港、オルリー空港、パリ・ボーベ空港
フランクフルト：フランクフルト国際空港、フランクフルト・ハーン空港
ニューヨーク：ジョン・F・ケネディ国際空港、ラガーディア空港、ニューアーク・リバティー国際空港

疑問20：予約確認証を見ると出発地・到着地の部分に「HND」や「KUL」といったアルファベットが入っています。これは何ですか？

これは〝空港コード〟といい、IATA（国際航空運送協会）が割り当てた空港を識別するコードのこと。アルファベット3文字で表記される。別名3《スリー》レターコードともいう。「HND」は羽田空港のコードだ。成田空港なら「NRT」、関西空港なら「KIX」など、航空券や荷物のタグに書かれているのでご存知の方も多いはず。

東京なら「TYO」、バンコクなら「BKK」と、都市をアルファベット3文字で表記する都市コードもある。空港コードとまったく同じ3レターコードを使う都市もある。「KUL」はその一例で、クアラルンプール空港と、都市としてのクアラルンプール両方を表す。

格安エアラインでは、大都市でもメインの空港ではなくサブ的存在の空港を利用することも多い。予約確認証や航空券に印刷されている3レターコードを見てもピンと来ないこともあるはずだ。次の見開きで世界の主な都市（地域）と空港の3レターコードをピックアップし一覧表にしてみた。

【アジア・中東】

都市名（国）	都市コード	空港名	空港コード
●韓国			
ソウル	SEL	仁川国際空港	ICN
		金浦国際空港	GMP
釜山	PUS	金海国際空港	PUS
●中国			
北京	BJS	北京首都国際空港	PEK
上海	SHA	上海浦東国際空港	PVG
		上海虹橋国際空港	SHA
杭州	HGH	杭州蕭山国際空港	HGH
深圳	SZX	深圳宝安国際空港	SZX
香港	HKG	香港国際空港	HKG
マカオ	MFM	マカオ国際空港	MFM
●台湾			
台北	TPE	台湾桃園国際空港	TPE
		台北松山空港	TSA
●タイ			
バンコク	BKK	スワンナプーム国際空港	BKK
		ドンムアン空港	DMK
●フィリピン			
マニラ	MNL	ニノイ・アキノ国際空港	MNL
セブ	CEB	マクタン・セブ国際空港	CEB
ルソン島（クラーク経済特別区）	NCP	ディオスダド・マカパガル国際空港（旧クラーク国際空港）	CRK
●シンガポール			
シンガポール	SIN	チャンギ空港	SIN
●マレーシア			
クアラルンプール	KUL	クアラルンプール国際空港	KUL
●ベトナム			
ホーチミン	SGN	タンソンニャット国際空港	SGN
●インド			
ムンバイ	BOM	チャトラパティ・シヴァジー国際空港	BOM
●UAE（アラブ首長国連邦）			
ドバイ	DXB	ドバイ国際空港	DXB
シャルジャ	SHJ	シャルジャ国際空港	SHJ
●エジプト			
カイロ	CAI	カイロ国際空港	CAI
アレクサンドリア	ALY	アレクサンドリア国際空港	ALY

【ヨーロッパ・アメリカ・オセアニア】

都市名（国）	都市コード	空港名	空港コード
●イギリス			
ロンドン	LON	ヒースロー空港	LHR
		ガトウィック空港	LGW
		ロンドン・ルートン空港	LTN
●フランス			
パリ	PAR	シャルルル・ド・ゴール国際空港	CDG
		オルリー空港	ORY
		パリ・ボーベ空港	BVA
●ドイツ			
フランクフルト	FRA	フランクフルト国際空港	FRA
		フランクフルト・ハーン空港	HHN
●アイルランド			
ダブリン	DUB	ダブリン空港	DUB
●ギリシャ			
アテネ	ATH	アテネ国際空港（エレフテリオス・ヴェニゼロス国際空港）	ATH
●アメリカ合衆国			
ニューヨーク	NYC	ジョン・F・ケネディ国際空港	JFK
		ラガーディア空港	LGA
		ニューアーク・リバティー国際空港（ニュージャージー州）	EWR
ロサンゼルス	LAX	ロサンゼルス国際空港	LAX
サンフランシスコ	SFO	サンフランシスコ国際空港	SFO
●オーストラリア			
シドニー	SYD	シドニー国際空港（キングスフォード・スミス国際空港）	SYD
ケアンズ	CNS	ケアンズ国際空港	CNS

第七章　予約と購入の方法

「約4時間の飛行＝1万円」が相場

格安エアライン（LCC＝ローコストキャリア）の予約、そして購入。ホームページ画面の案内に沿って入力していくことになる。その実例をこの章で解説している。日本語編としてエアアジア、英語編としてシンガポールのタイガーエアウェイズを例にとった。どちらも予約・購入サイトとしてはオーソドックスなものだ（2011年1月現在の画面。デザインや入力方法は今後、変更される場合がある）。

格安エアラインによってサイトのデザインはまちまちだが、まず路線を選び、日付を入力して便名を検索。出てきた運賃が納得できるものなら予約を確定し、支払いに進む。

おそらくこの予約のなかで、いちばん悩むのは、その運賃が本当に安いかどうか……という判断である。僕は格安エアライン8社を使って世界一周をしたが、その経験からいうと、次のような運賃相場が導かれてくる。

約4時間のフライト＝約1万円（片道）

約1時間のフライト＝約3000円（片道）

これはあくまでも目安である。格安エアラインの運賃は変動制をとっている。シーズン、時間帯、予約状況によって運賃が変わる。

しかしこの目安は、いまの日本発着便には当てはまらない。日本は島国で、フライト時間が1時間といった短距離の国際線はごくわずかだ。乗り入れてまだ日が浅く、キャンペーン期間ととらえている格安エアラインもある。しかし運賃を眺めると、やや高い気がする。20%から30%は、世界標準に上乗せされている観がある。

日本の人件費の高さや、世界一高額といわれる空港使用料が影響を与えているのだろうか。格安エアラインといっても、その経営は決して楽ではない。高い運賃でも乗ってくれるのなら……という思いもある。そこで引き合いに出されるのは、日本人の相場感である。

「中国なら往復4万円ぐらい」

「バンコクなら往復5万円ぐらい」

といった感覚である。それを植え付けてきたのは、日本に乗り入れている既存航空会社である。ネット上に提示された格安エアラインが安いか、どうか。既存航空会社の運賃と比べてみる必要もある。

最近、既存航空会社と格安エアラインのすべての運賃を一度に検索できるサイトもある。

本書の冒頭でもお話ししたように、格安エアラインの乗り入れ期以降には、既存航空会社の対抗値下げが起こる。格安エアラインに利用客をとられないよう、安い運賃をぶつけてくるのだ。検索サイトや旅行会社のサイトで格安エアラインと既存航空会社の運賃を比べてみるのも方法だ。

既存航空会社便と組み合わせる

日本に乗り入れる格安エアラインを拒んできた要因はさまざまだが、そのひとつに海があるともいわれる。

日本とアメリカを結ぶ太平洋路線には、まだ格安エアラインが就航していない。距離が長いうえに、既存の航空会社が市場をがっちり押さえ、参入が難しいことが理由らしい。

韓国、中国、台湾、グアム、サイパンなどを除けば、中・短距離の国際線を設定できない日本の地理的な環境を考えれば、日本からある地点までは既存航空会社の格安航空券を使い、その先で格安エアラインを使う方が効率的と指摘する人もいる。格安エアラインは、長距離より中・短距離を得意とする航空会社群だからだ。

たとえばインドのトリバンドラムに行きたいとする。日本からは直行便はないから、どこかで乗り継がなくてはならない。いままでだったら既存航空会社であるエアインディアでデリーに向かい、そこから国内線という選択肢がオーソドックスなルートだった。

しかし格安エアラインが就航し、いくつかのルートが組めるようになった。たとえばシンガポールまで既存航空会社を使い、そこからタイガーエアウェイズというルートもある。アラブ首長国連邦のドバイまで既存航空会社を使い、シャルジャからエアアラビアで入ってもいい。格安エアラインは大きな空港を嫌うから、目的地が首都ではない都市の場合、その力を発揮することもある。シーズンにもよるが、既存航空会社＋格安エアラインという組み合わせのほうが安くなる可能性が高い。既存航空会社の部分は日程が決められてしまうが、そこから先は格安エアラインの片道航空券をつなぐ世界だ。

日本に乗り入れていない格安エアラインを利用するときは英語サイトになる。注意したいのは乗り継ぎ時間とビザだろう。

飛行場での乗り継ぎ時間は、空港ごとに決められている。しかしそれは、飛行機が定刻に到着した場合に限られる。飛行機というものは、さまざまな理由で1時間、2時間と遅れることは珍しくない。同じ航空会社の場合なら、乗り継ぎの便宜や補償など対応はあるが、別々の航空会社の場合は、自分で判断しなくてはならなくなる。そのあたりは、第六章の「格安エアライン20の疑問」を読んでほしいが、ネット予約では、それを考慮していなくても予約が通ってしまう。この場合、仮に乗り換えることができなくても自己責任になってしまう。時間に余裕をもったスケジュールを組まなくてはならない。

また、国によっては、飛行機の乗り継ぎのための入国であっても、日本人にビザを課している国がある。こういう国は、出国の航空券があっても入国することはできない。

こういったトラブルは、なにも格安エアラインに限ったことではない。既存航空会社でも同じである。しかし既存航空会社の航空券は格安航空券になることが多く、途中に旅行会社が介在する。航空券を買うとき、こんなアドバイスをしてくれるのだ。

「この乗り継ぎは間に合わない可能性があるので、次の便にしましょう」

「この国は日本人にもビザを課しています。事前にとらないと入国できませんね」

これが旅行会社のサービスだった。しかしひとり、コンピュータの画面に向かって予約を入れていく格安エアラインの世界では、そんな恩恵にあずかることができないのだ。

日本から格安エアラインが就航する都市を単純に往復する予約はそれほど難しくはない。日本語のサイトになるので、不安も少ないだろう。しかし海外の都市から格安エアラインを予約し、うまく使いこなしていくには、語学力などが要求される。不安な人は、手数料を払っても、旅行会社に相談して予約を進めたほうがいい場合もある。

・日本語編（エアアジア）

①出発地・到着地、日にちなどを選ぶ

エアアジアの日本語版トップページ（http://www.airasia.com/jp/ja/home.page）にアクセスする。右上にある「フライト」（Ⓐ）欄で、出発地と到着地を選択し、片道の場合にはチェックを入れる。出発日（往路の日程）・到着日（復路の日程）を選ぶ。それぞれの右横にあるカレンダーからの選択も可能だ。続いて大人、小児、幼児の人数を選び、「検索」ボタンをクリックする。なお、左上の「予約」（Ⓑ）ボタンをプルダウンし「フライトの検索」を選んでも同じことができる。

②フライトを選ぶ

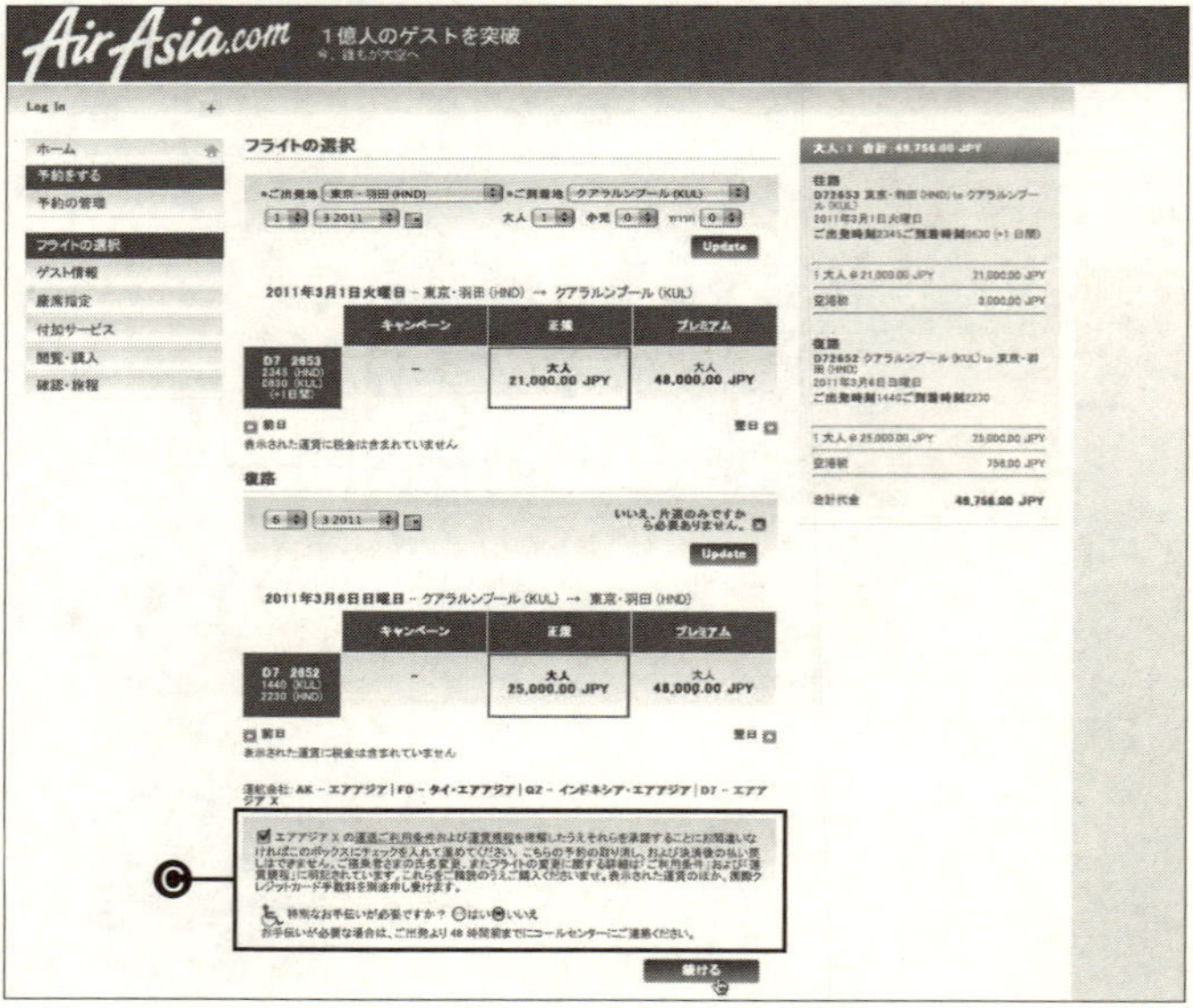

希望の日程に空席があれば、フライトスケジュールと料金が表示される。満席の場合や該当便がない日は表示されない。料金が表示されない場合は「翌日」か「前日」をクリックするか、日程を再選択して、該当便がある日、空席がある日を探す。低価格帯のチケットを入手したいなら、日程に幅を持たせて、広範囲に検索しよう。

フライトを選んだら、右側に現在の金額の合計が表示される。

料金に同意できれば、中央下のリンクから利用条件と運賃規程を読んで、チェックを入れる（Ⓒ）。車いすの利用者など、搭乗に際してサポートが必要な場合は、「特別なお手伝いが必要ですか？」の項目の「はい」に、必要なければ「いいえ」にチェックを入れる。最後に、「続ける」をクリックする。

③搭乗者情報を入力する

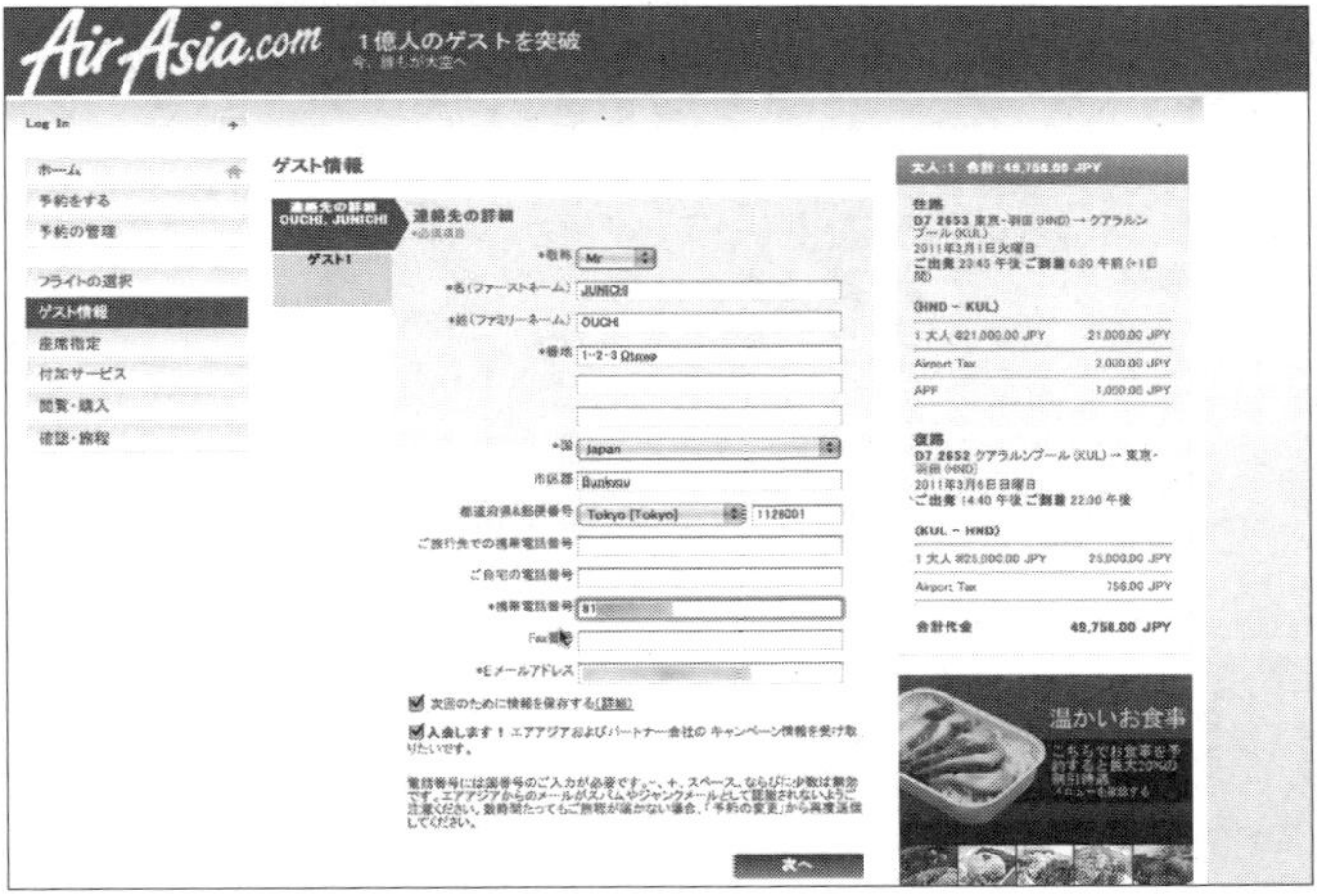

「連絡先の詳細」を入力する（＊印の項目は必須）。ここでは敬称（Mrなど）、名（ファーストネーム）、姓（ファミリーネーム）、住所の順で入力する。「番地」欄には、番地だけでなく町域名（地区名・字名）を入れる。たとえば日本語で「音羽１丁目２番地３号」の場合は、「1-2-3 Otowa」となる。「国」は「Japan」を選択。次の「市区郡」には、自治体としての町名や村名を入れていい。日本の場合は、住所に様々なパターンがあるので迷う場合もあるが、適当でいいようだ。「都道府県」はなぜか「Tokyo」と「N/A」しか選択肢がない。東京都以外の場合は「N/A」を選択する。続いて「郵便番号」を「-（ハイフン）」なしで入力する。姓名や住所、数字は半角英数のローマ字表記で入力する。電話番号の「03」「090」などの頭の「0」は取る。入力は数字のみで、「-（ハイフン）」などは使えない。携帯電話番号以外の電話番号は任意なので、入力しなくても次に進める。入力情報の保存と、入会（＝メールマガジン会員への登録）は任意。

入力内容を確認し、間違いがなければ「次へ」をクリック。下に座席指定をするかどうかを問う項目があるが、ここでクリックしても結局次のパスポート情報入力の画面になるので、ここでは無視をしてもいい。

④パスポート情報やオプションを入力する

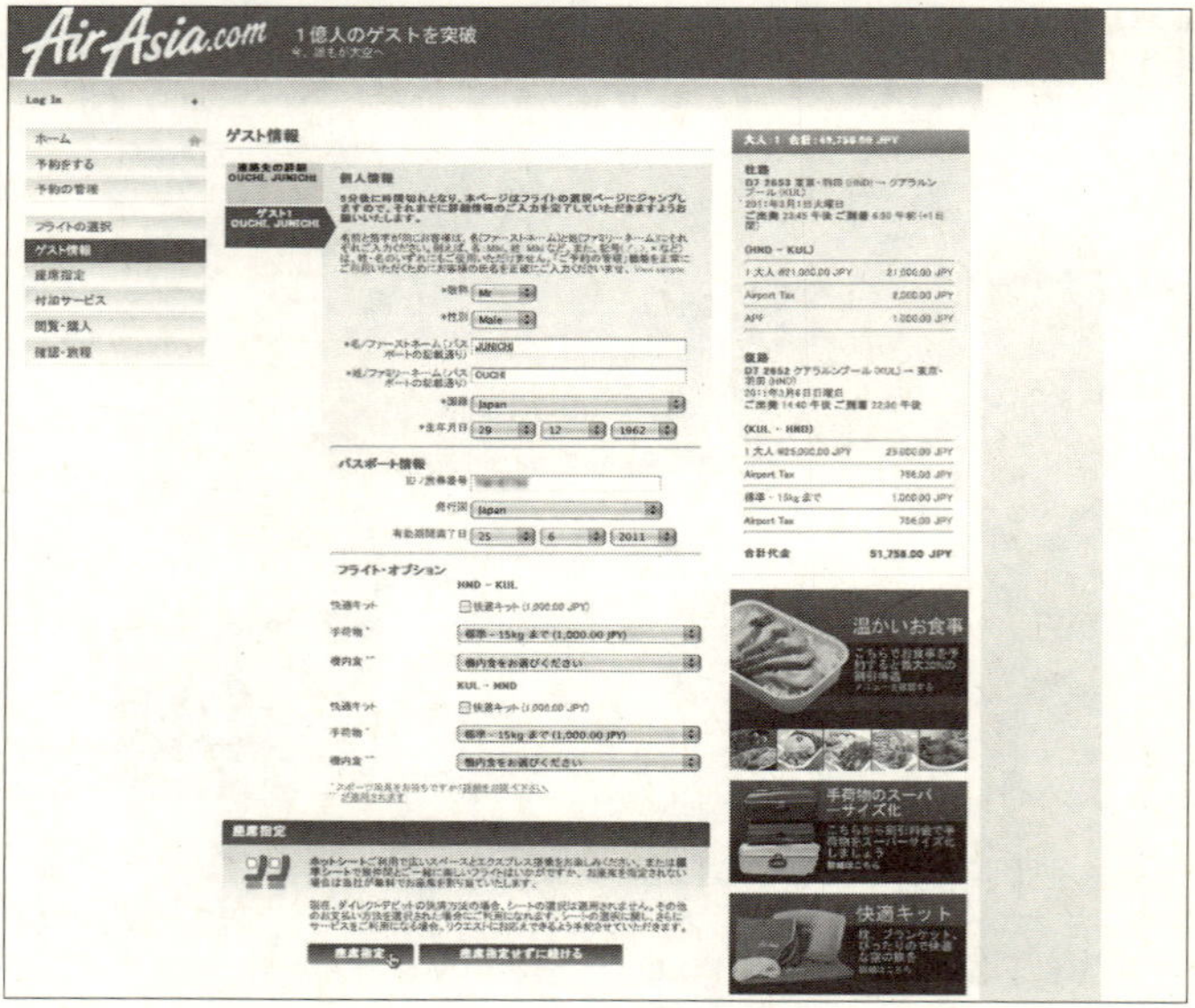

パスポートに記載の姓名、生年月日（日／月／年の順番）、パスポート番号、パスポートの有効期限などを入力。この情報に入力ミスがあると搭乗できなくなる場合があるので、入念に確認しよう。

「フライト・オプション」では快適キット（毛布や枕など）の要不要、機内預け手荷物の重さ、機内食の有無を選ぶことができる。エアアジアの場合、予約時の重量を超過した場合は、空港で割高な追加料金を取られる。なお、機内持ち込みの荷物は7kgまでは無料。それを超えると1kgごとに所定の追加料金がかかる。機内食は、「機内食をお選びください」のままにしておけば提供されない（追加料金なし）。

すべて入力し終えたら「座席指定」か「座席指定せずに続ける」かを選ぶ。後者をクリックし、さらに「キャンセル」をクリックすると、コンピュータが適当に空席を選ぶ。

⑤座席を指定する

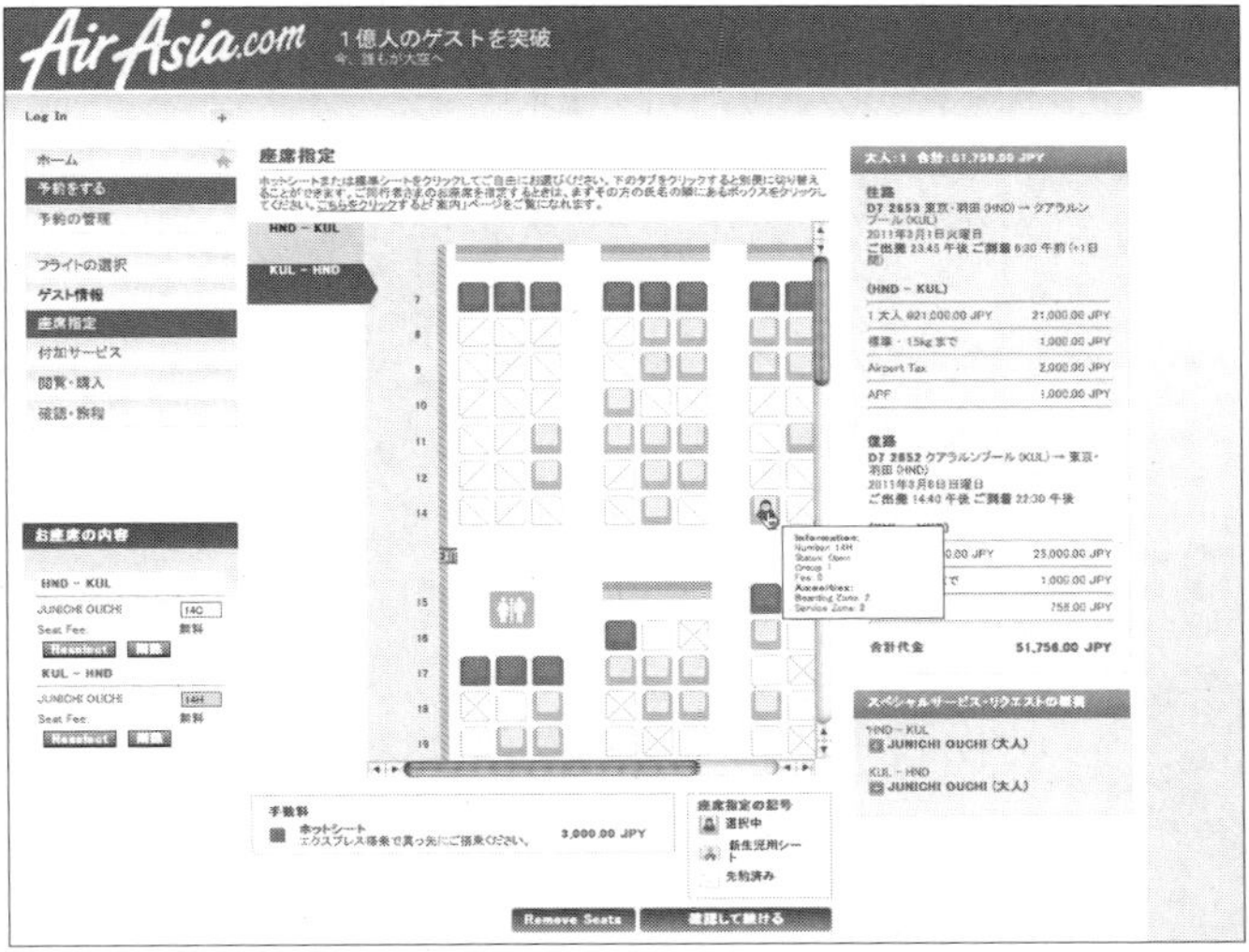

座席指定画面で希望の席をクリックする。赤色で表示されているホットシートは、足元が広いなどの特典はあるが、追加料金（3000円）が必要となる。

多くの格安エアラインでは、座席指定をする場合は料金を徴収しているが、長距離路線のエアアジアXでは、ホットシート以外の座席指定には追加料金がかからない。座席指定も往路と復路を別々に指定する。指定が終われば「確認して続ける」をクリック。

すると「お座席の確認」画面に変わる。問題なければ「確認して続ける」をクリックする。次画面では、海外旅行保険や空港のリムジンバスの手配などのサービスを選ぶことができるが、必要なければチェックを入れずに「続ける」をクリック。

⑥決済情報を入力し購入する

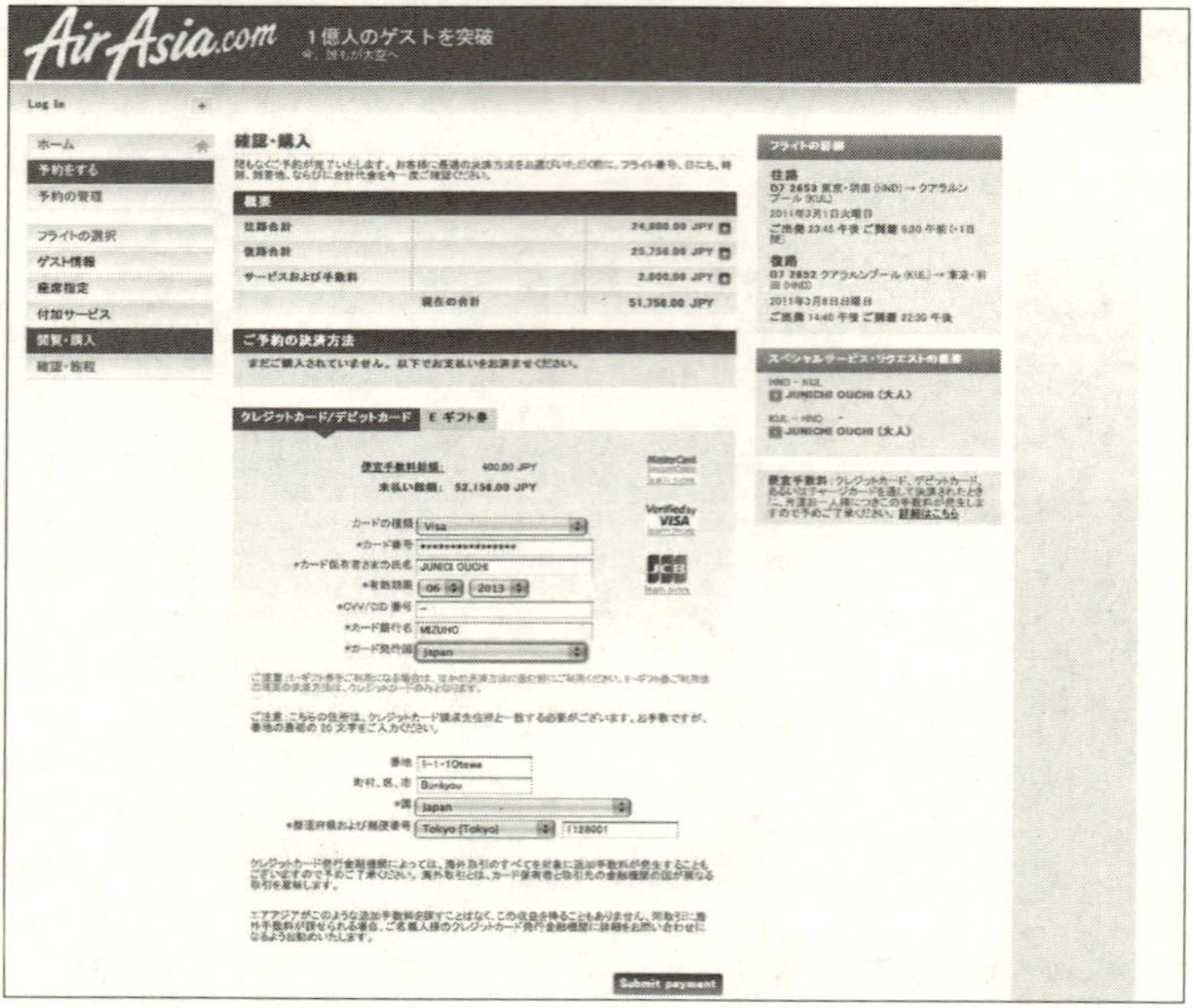

「確認・購入」にある「概要」には、料金の明細が表示されている。金額の右にある「+」ボタンをクリックするとさらに細かい内訳を確認することができる。「APT」は空港税、「APF」は空港使用料のこと。確認できれば、その下の「ご予約の決済方法」で購入手続きをする。

ここでは「クレジットカード/デビットカード」に進み、クレジットカードの情報を入力する。「CVV/CID番号」というものがあるが、これはセキュリティコードのこと。カードの裏面などに記載されている（P105参照）。「カード銀行名」には、決済銀行の名称ではなく、クレジットカード会社の名称を半角英数のローマ字で入力する。

入力内容を確認し「Submit payment」をクリックすると決済となる。エアアジアは決済後のキャンセルは一切認められないので、よく確認してから決済しよう。

⑦予約の確定

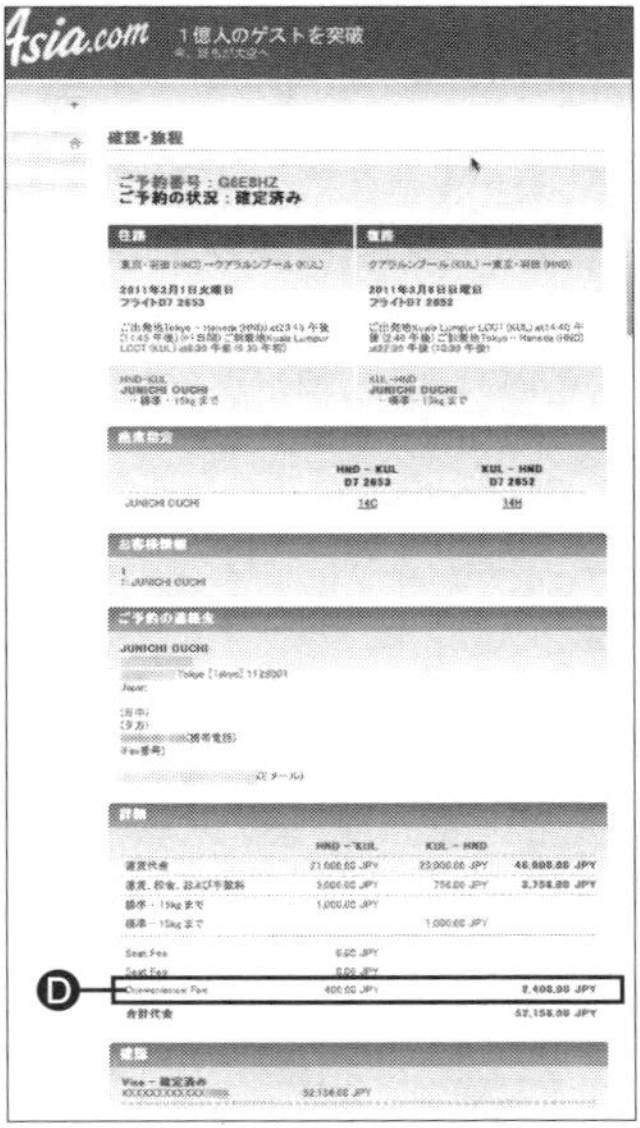

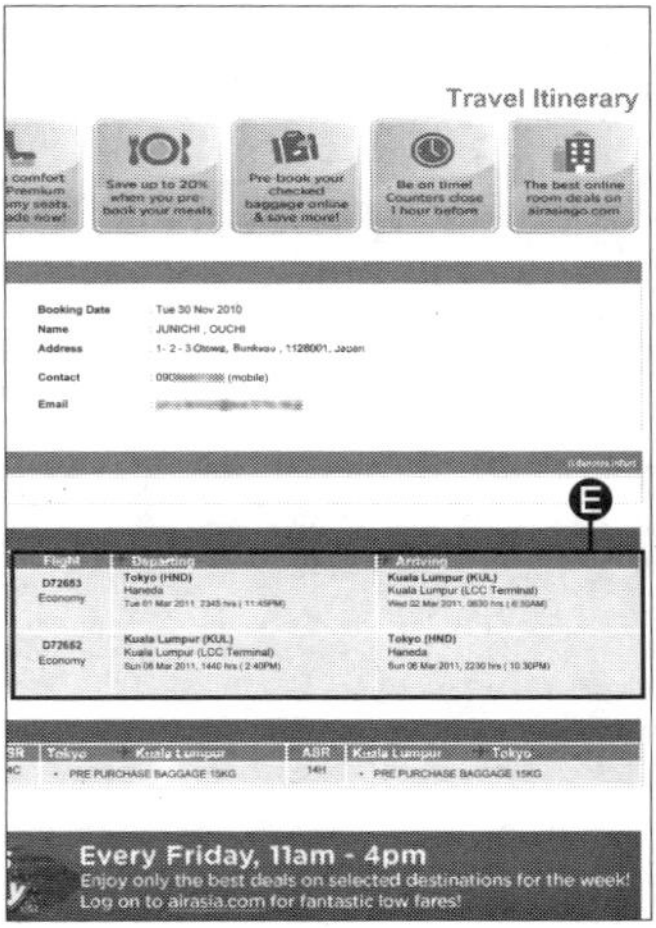

カード情報などに問題がなければ、「確認・旅程」という画面になる。ここに予約番号も記されている。料金の明細を見ると「Convenience Fee」(Ⓓ) というものを取られているが、これはカード決済手数料のこと。

また、しばらくすると予約内容のPDFファイルが添付されたメールも届く。PDFファイルには「Booking Number（予約番号）」「Booking Date（予約申込日）」の他に姓名や住所、電話番号、メールアドレスが記載されている。その下にある「Flight Details（旅程）」には、便名、フライト日時に加え、出発・到着の空港名も明記されている（Ⓔ）。これらの情報は搭乗の際に必要になるので、このページまたは、PDFファイルをプリントアウトしておく。念のために予約番号もメモしておこう。

⑧予約状況の確認

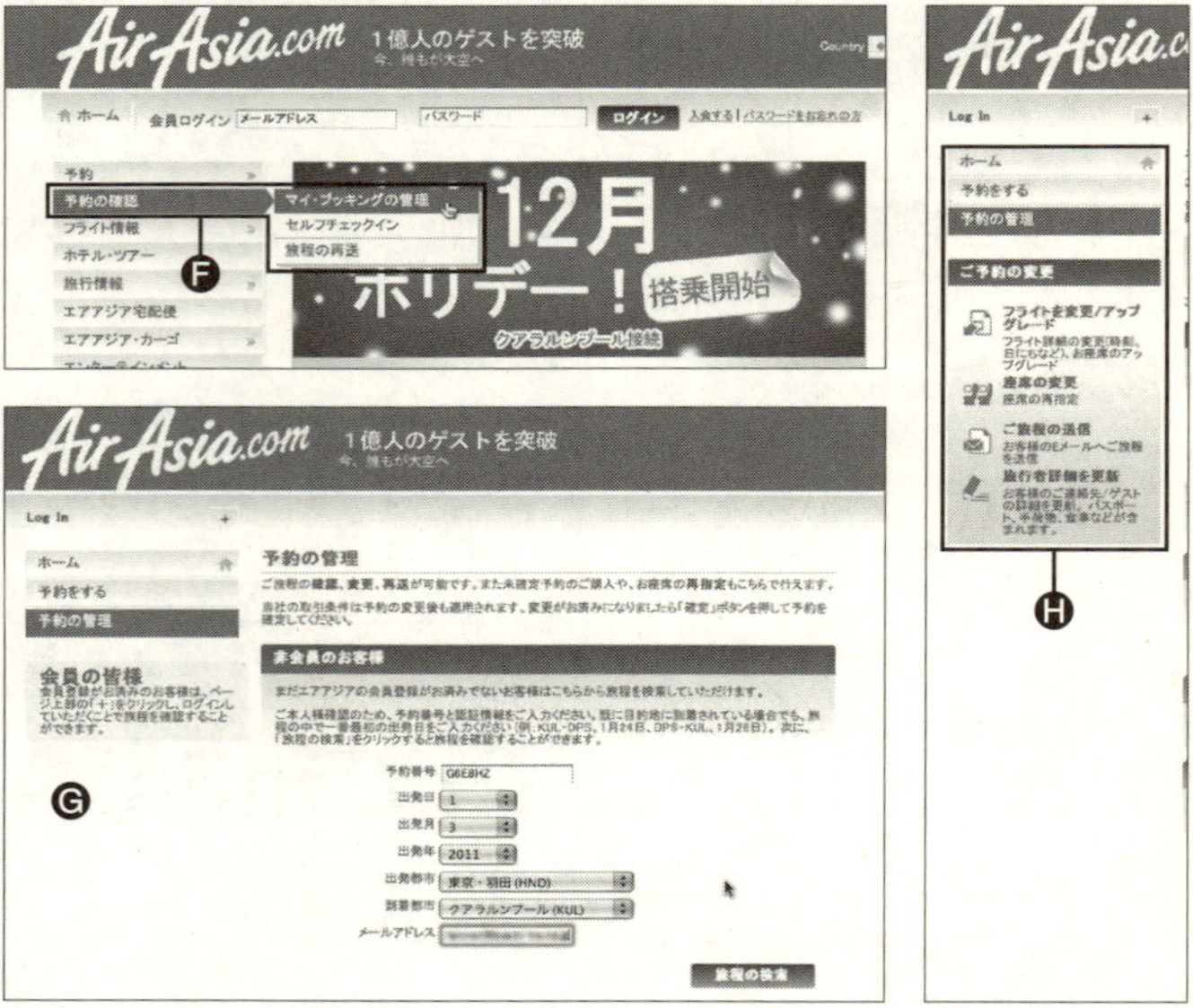

予約確定後は、エアアジア日本語版のトップページから予約状況の確認や名前、日程の変更（有料）などを行うことができる。トップページ左上にある「予約の確認」の「マイ・ブッキングの管理」（Ⓕ）をクリック、さらに「予約を管理」→「予約の管理」とクリックすれば「予約の管理」画面になる（Ⓖ）。ここで予約番号、出発日（日／月／年の順番）、出発都市、到着都市、メールアドレスを選択または入力して「旅程の検索」をクリックすると、自分の予約内容が表示される。

また、「ご予約の変更」（Ⓗ）では、フライトや座席の変更、旅程の再送信ができる。

・英語編（タイガーエアウェイズ）

①出発地・到着地、日程などを選ぶ

予約方法はエアアジアとほぼ同じ。細かい部分での違いはあるが、ポイントさえ押さえてしまえば、それほど戸惑うことはない。

タイガーエアウェイズのホームページ（http://www.tigerairways.com/sg/en/）にアクセス。タイガーエアウェイズはシンガポールの格安エアラインだが、通常のトップ画面は英語になっている。

左上の「Flight」欄（Ⓐ）で、往復チケットなら「Round Trip」、片道チケットなら「One Way」を選ぶ。「Origin（出発地）」と「Destination（目的地）」を選択し、「Depart（往路の日程）」を選ぶ。右横にあるカレンダーからの選択も可能だ。往復チケットの場合は、「Return（復路の日程）」も選択する。

「Adults（大人）」「Children（子供）」「Infants（幼児）」の人数を選び「Get Flights（フライトの検索）」ボタンをクリックする。

②フライトを選ぶ

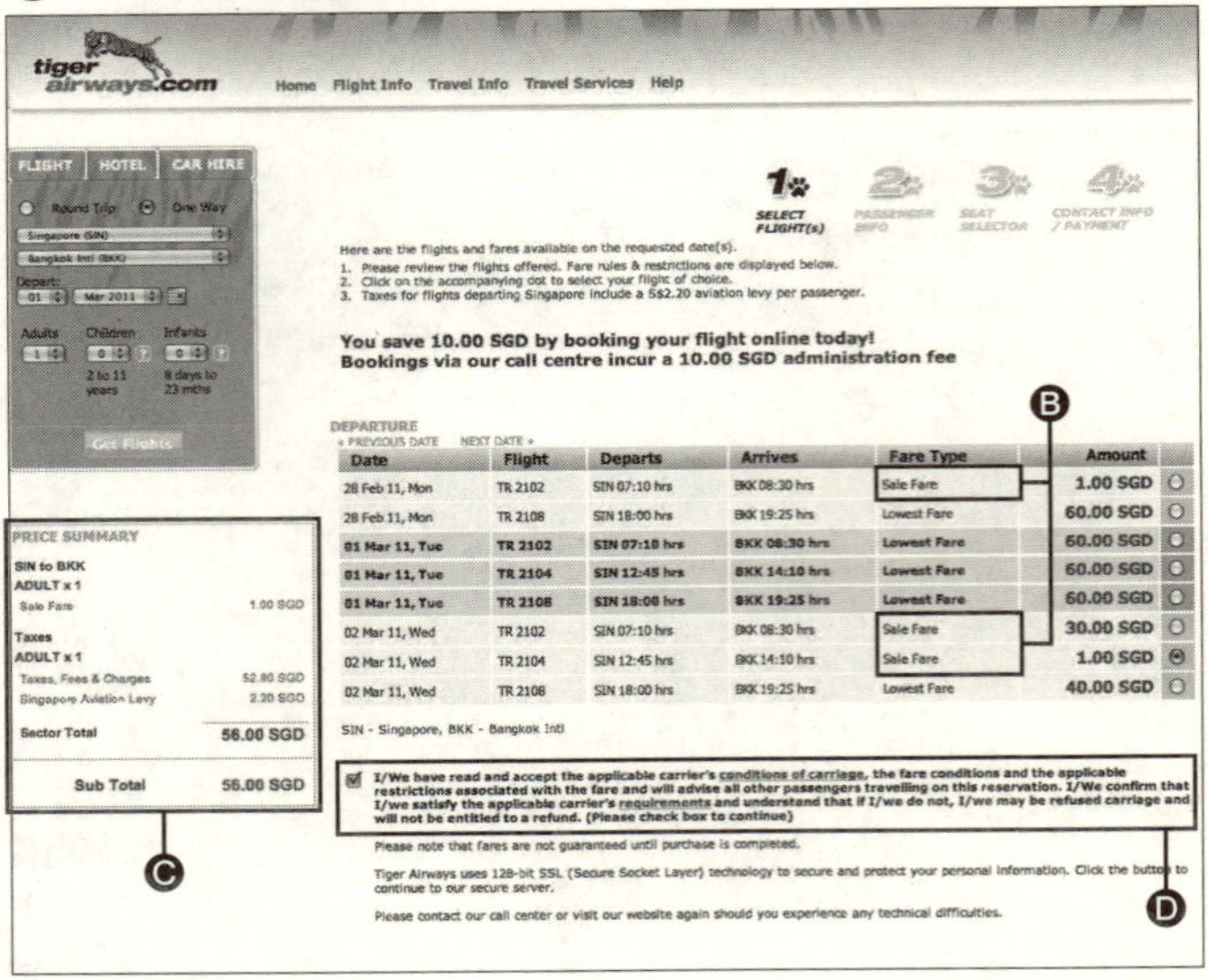

指定日とその前後の日程のフライトが、一覧表で表示される。「Fare Type(料金の種別)」の欄に「Lowest Fare(最安値)」と記されているのが通常期の最安料金だが、「Sale Fare(セール価格)」(Ⓑ)はさらに安い期間限定の特別価格。「Amount」が金額。"SGD"は通貨単位でシンガポールドルのこと。

いつも「Sale Fare」が出るとは限らないが、日程に融通がつくのなら迷わず「Sale Fare」を選ぼう。画面では"1.00SGD"という料金が表示された。シンガポール—バンコクの片道航空券が約64円!

左下にある「PRICE SUMMARY」(Ⓒ)は料金明細のこと。希望のフライトを選んだら、下にある利用条件と運賃規程(Ⓓ)のボックスにチェックを入れ、右下の「Continue(続ける)」をクリックする。

③座席アップグレードの勧誘

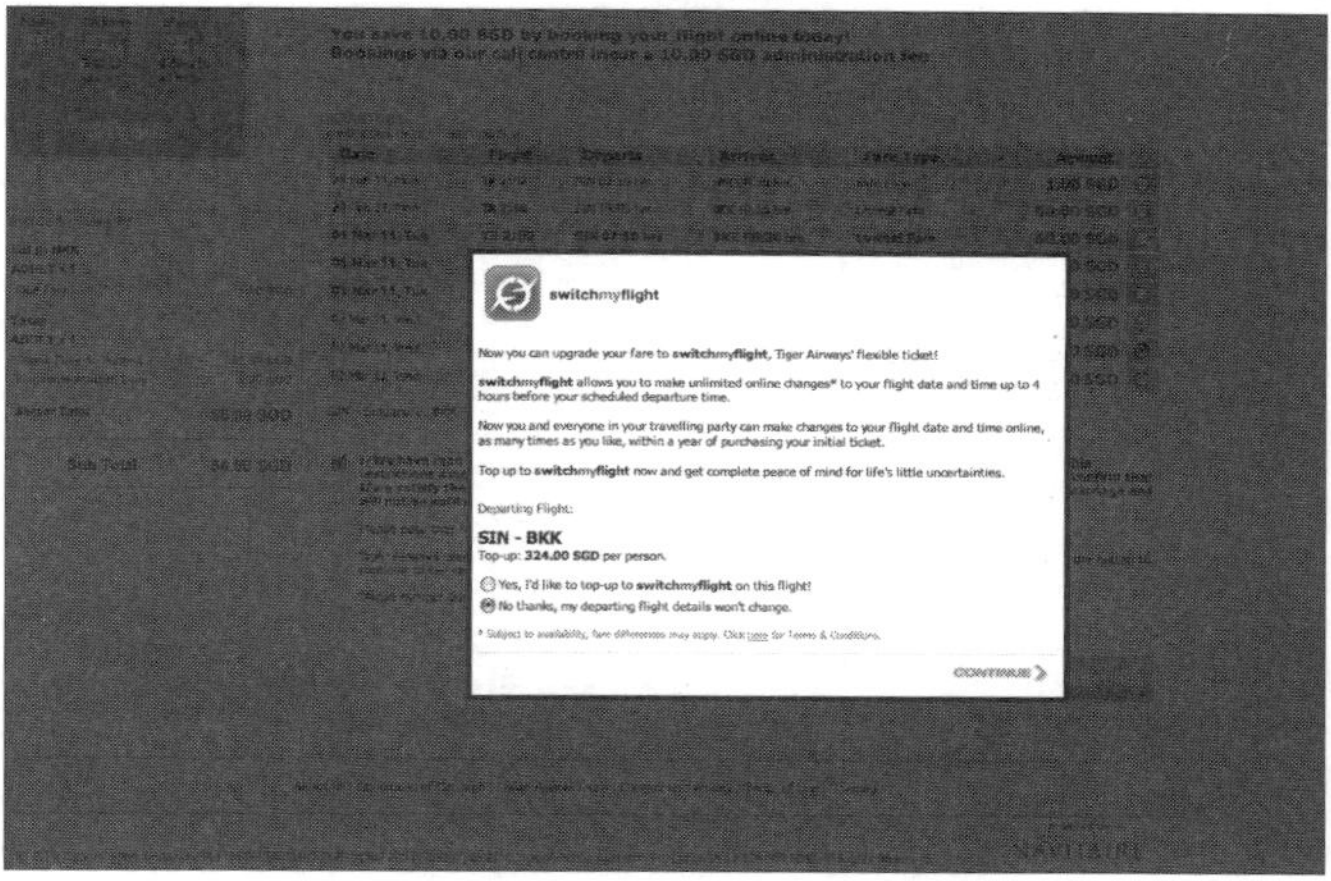

次の画面に進む前に「switchmyflight」という座席のアップグレードへの勧誘画面が出てくる。これを申し込むと、日程やスケジュールの変更が1年以内なら可能という特典が付くが、324SGDも払わなければならない。日程変更の可能性があればメリットもあるが、日程が確定しているのであれば「No thanks, my departing flight details won't change.（いりません。私の出発便は変更を希望しません）」にチェックを入れ「CONTINUE」をクリックする。

④姓名・パスポート情報を入力する

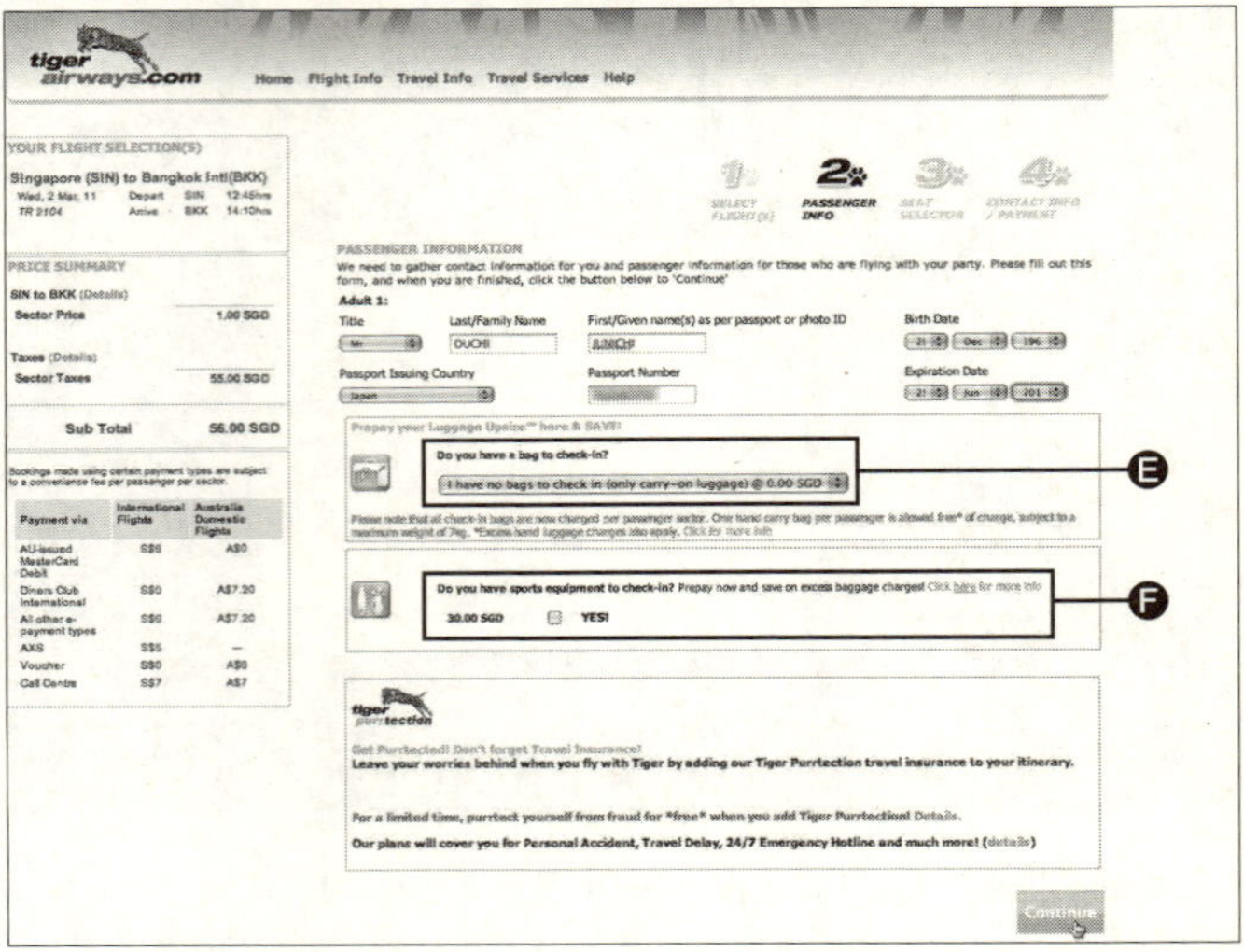

「Title」にはMrなどの敬称、「Last/Family Name（姓）」「First/Given name（名）」「Birth Date（生年月日）」「Passport Issuing Country（パスポート発行国）」「Passport Number（パスポート番号）」「Expiration Date（有効期限）」を入力または選択する。姓名は半角文字で、パスポートに記載されているとおりにローマ字で入力する。

次に機内預けの荷物の有無を選ぶ（Ⓔ）。機内預け荷物がなければ無料だが、あれば有料。重さにより料金が異なる。ちなみに機内持ち込みの荷物は7kgまでは無料。それを超えると1kgごとに所定の追加料金がかかる。その下にある「sports equipment」（Ⓕ）とは、ゴルフバッグやサーフボードなど大きなスポーツ用具のこと。これらを持ち込む場合は「YES!」をクリック。料金は30SGD。

一番下には海外旅行保険への加入を勧める記載があるが、必要なければ「Continue」をクリック、「No, thank you.」にチェックを入れて、もう一度「Continue」をクリックする。

⑤座席を指定する

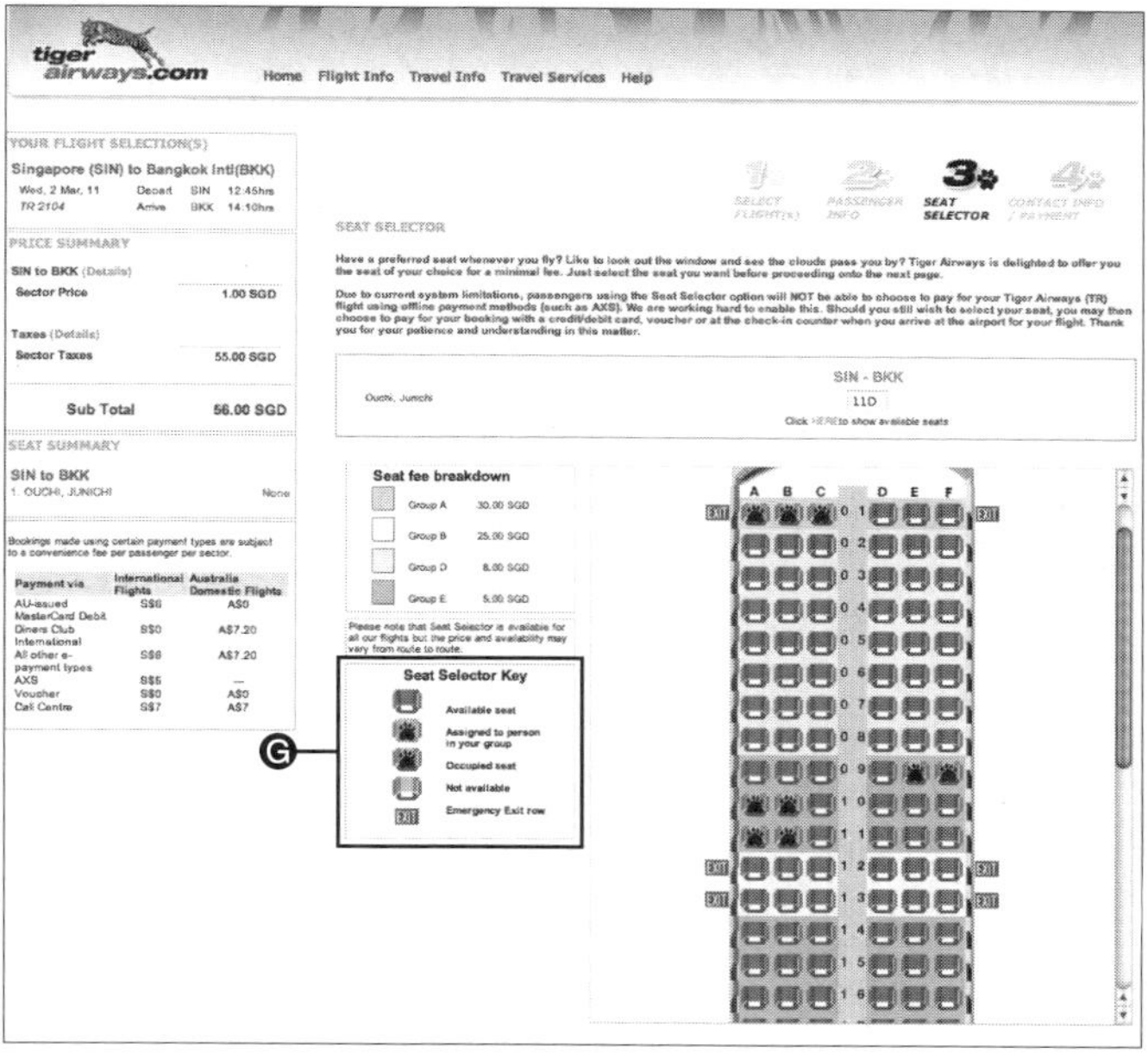

座席を指定すれば指定料金がかかる。本書は1色刷りなので上図では判らないが、ホームページ上の画面では、座席ごとに色分けがされており、ピンク30SGD、黄色25SGD、緑8SGD、青5SGDの順に指定料金は安くなる。座席マークの説明（Ⓖ）は上から、空席、自分が選んだ座席、先約済み、非常口付近席となっている。指定しなければ料金は掛からないので、こだわらないなら「I/We DO NOT wish to select seats at this time. Continue with my booking.（今回は座席指定を希望しません。予約を続けます）」にチェックを入れ「Continue Without Seat Selection（座席指定なしで続ける）」をクリックする。次画面で6SGDを払えば優先的に搭乗できる旨の勧誘が現れるが、必要なければ「No thanks, I'll chance it.」にチェックを入れ「CONTINUE」をクリックする。

⑥搭乗者情報・決済情報を入力する

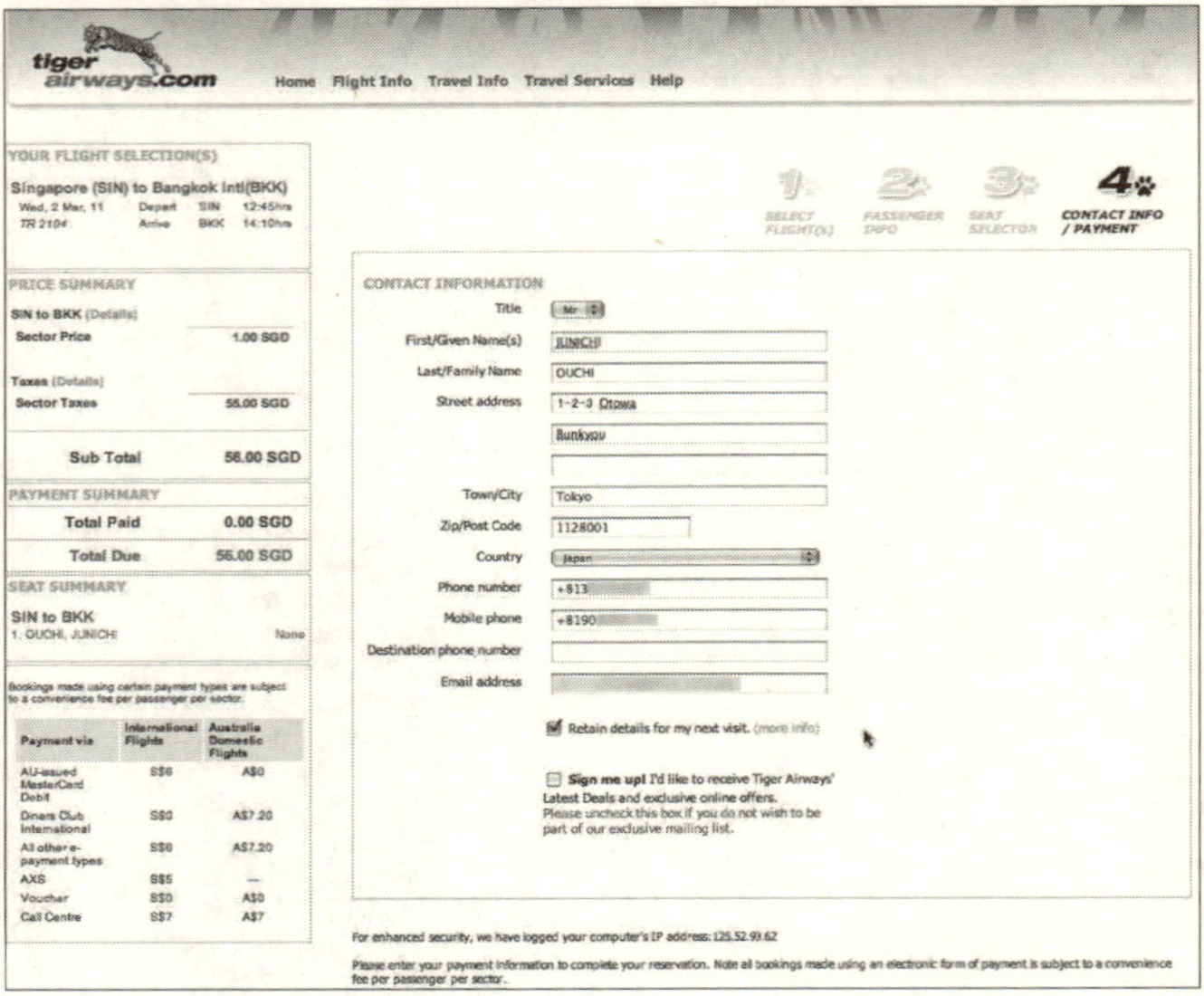

「Title（Mrなどの敬称）」「First/Given Name（名）」「Last/Family Name（姓）」「Street address（番地、町域名など）」「Town/City（市区町村名、都道府県名）」「Zip/Post Code（郵便番号）」「Country（国名）」「Phone number（電話番号）」「Mobile phone（携帯電話番号）」を半角英数で入力、または選択する。電話番号入力欄には自動的に国番号の「81」が入る。以後は最初の0を取って、ハイフンを入れずに数字のみで入力する。携帯電話番号は日本で使用しているもの。「Destination phone number（旅行先での電話番号）」は任意なので、入力しなくてもいい。また今後もタイガーエアウェイズを使うなら「Retain details for my next visit.（次回訪問のための、予約詳細情報保存）」にチェックを入れておくと、次回から名前や住所を入力する手間が省ける。引き続き同じ画面で決済を行う（次のページに続く）。

⑥搭乗者情報・決済情報を入力する（続き）

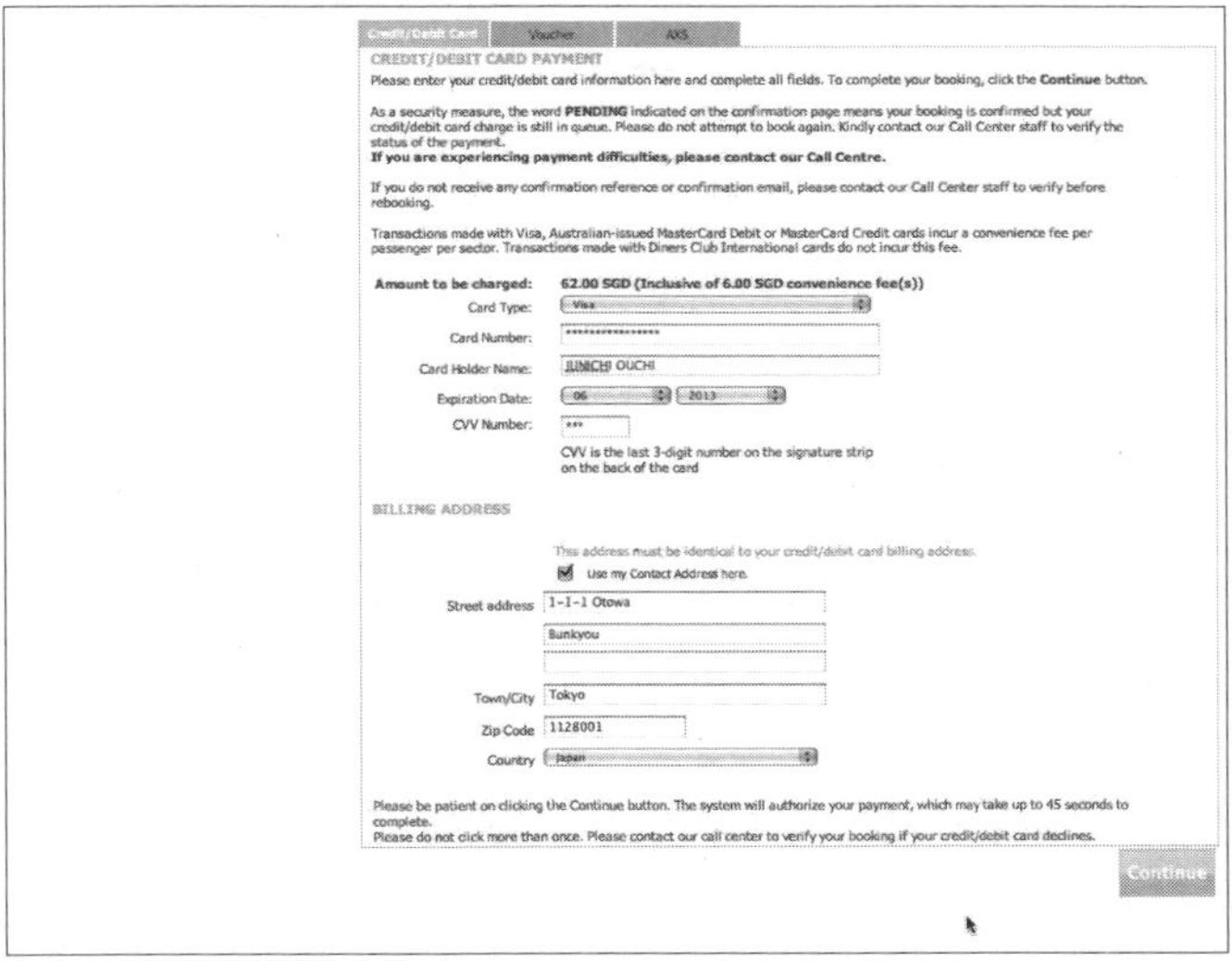

決済方法は「Credit/Debit Card（クレジットカード、デビットカード）」を選び、カード番号やCVV（セキュリティコード、P105参照）などを入力する。ちなみにそれ以外は日本人には関係ない支払い方法だ。「BILLING ADDRESS（請求先住所）」は、上で入力した住所でよければ「Use my Contact Address here.（連絡先の住所をお使いください）」にチェックを入れれば自動で入力される。別の住所ならばその住所を入力する。カード決済手数料として6SGDが徴収される。入力内容を確認し、間違いがなければ「Continue」をクリック。決済の最終確認画面が出るので、「OK」をクリックすれば決済完了。

⑦予約の確定

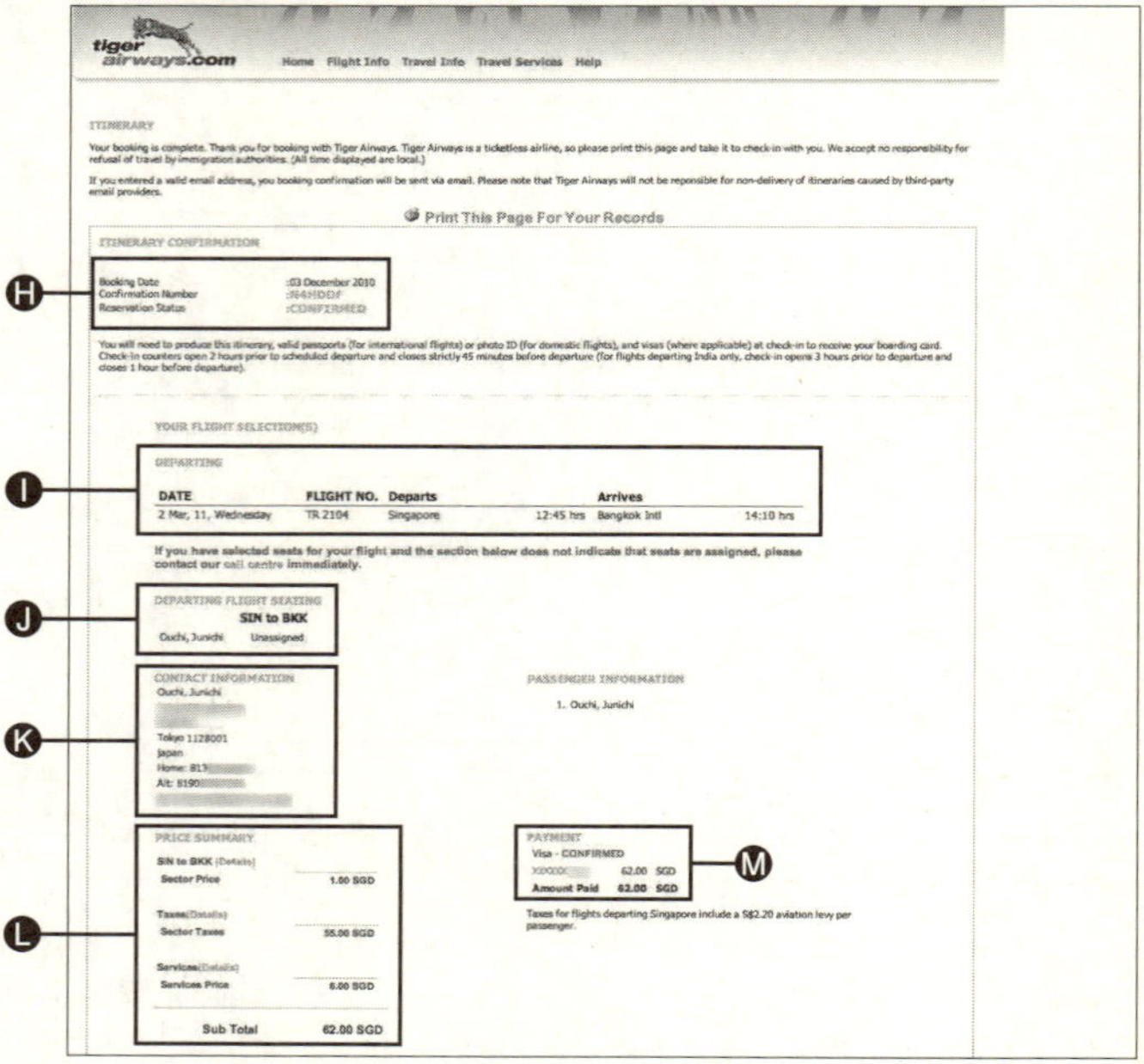

しばらくして「ITINERARY（旅程表）」という画面が出れば、予約確定。必ずこの画面をプリントアウトし、念のために「Confirmation Number（確認番号）」もメモしておこう。記載内容は以下の通り。

（Ⓗ）：予約番号と予約状況。「CONFIRMED」は確定という意味。

（Ⓘ）：フライト日、便名、出発／到着空港と時刻。

（Ⓙ）：座席番号が表示される。指定をしていないと「Unassigned」となる。

（Ⓚ）：姓名・住所・電話番号・メールアドレス。

（Ⓛ）：料金明細。上からチケット料金、空港税、手数料。

（Ⓜ）：支払い方法。画面では「Visaカードでの支払い」となっている。


（次ページに続く）

⑦予約の確定（続き）

tigerairways.com

Here's Your Flight Confirmation

Thank you for booking with Tiger Airways on **Friday, 03 December 2010**.
Tiger Airways is a ticket-less airline, so please print this page for your records.
All times displayed are local.

Booking Reference　　N4HDDF

Passenger Names	Infant Names (if applicable)	Flight	Seat	Services
OUCHI, JUNICHI		**TR 2104**		**XXAC**

*See below for an explanation of Special Service Request codes.

Flight	Departure	Arrival
TR 2104	**Singapore** Singapore Changi Intl Airport (Budget Terminal) 02-Mar-2011 12:45 hrs Check-in at: 02-Mar-2011 10:45	**Bangkok** Suvarnabhumi Airport 02-Mar-2011 14:10 hrs

　また、しばらくすると予約内容のPDFファイルが添付されたメールも届く(Ⓝ)。「Services」項目の「AC」とはエアポート・チェックインのこと。スケジュールを見ると「シンガポール・チャンギ国際空港バジェットターミナル、2011年3月2日、12：45発、チェックイン時間10：45／バンコク・スワンナプーム国際空港、2011年3月2日、14：10着」と、予約確認画面よりも詳細な内容になっている。

⑧予約状況の確認

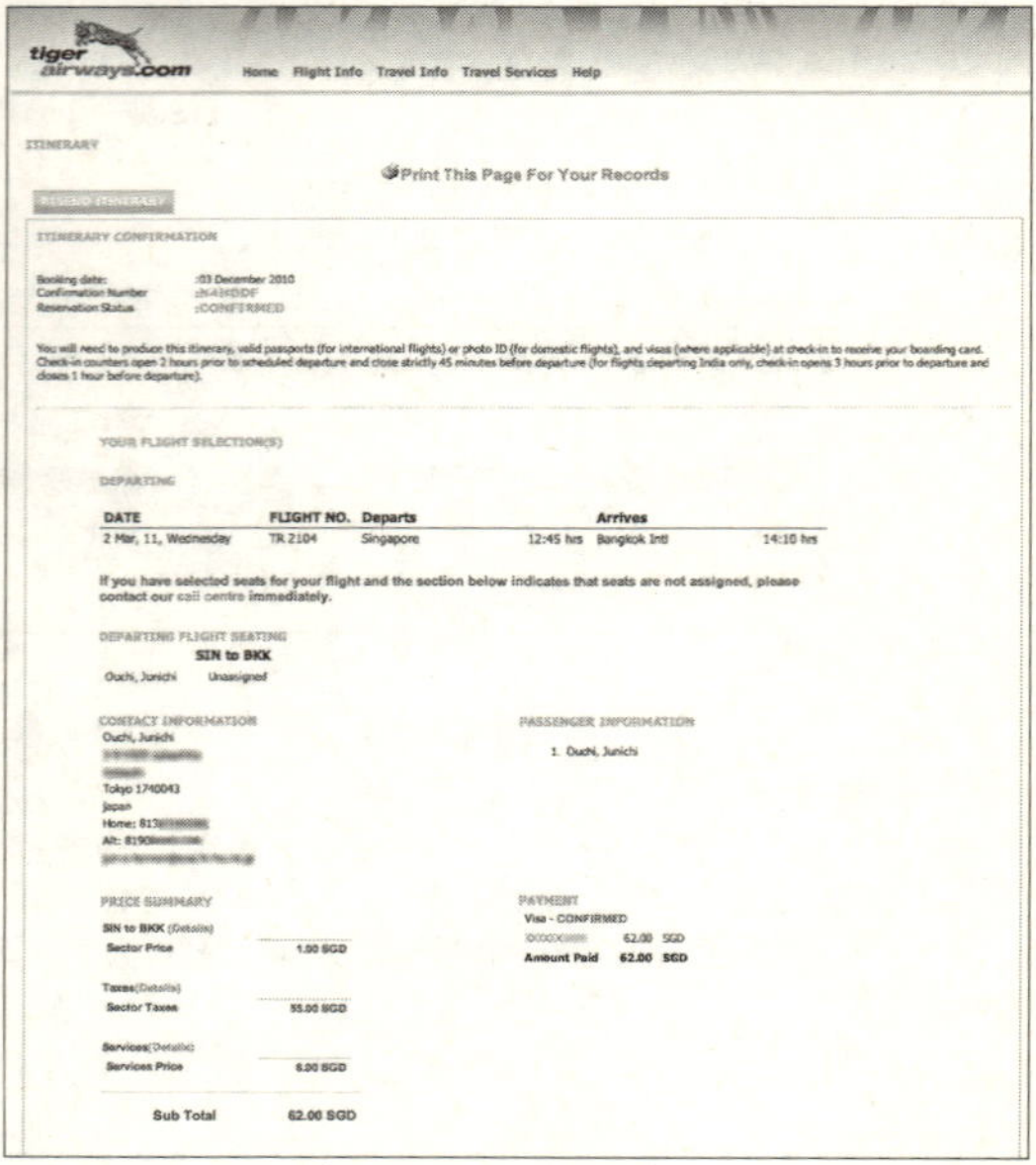

予約確定後は、タイガーエアウェイズのホームページのトップ画面左側のフライト検索欄の下にある「View/change/resend itinerary」(❶)をクリックすると、予約内容の確認やフライト・日程の変更(有料)、予約内容の再送信を行うことができる。確認するには「Confirmation Number」と姓名を入力すればいい。予約確認の場合は「Get Itinerary」、フライト・日程の変更は「Change Itinerary」、予約内容のPDFファイル添付メール再送信は「Resend Itinerary」をクリックする。

第八章　搭乗レポート

ピーク時でも安く乗る裏ワザ　（下川裕治）

サッカーの攻撃でいうところの「サイドチェンジ」。こういう方法がとれるのも、片道航空券を買うことができる格安エアライン（LCC＝ローコストキャリア）ならではのことかもしれない。

２０１０年の７月、バンコクと香港を往復することになった。出発は木曜日。戻りは金曜日。タイはその翌日の土曜日から、入安居《いりあんご》という雨季入り行事を含めた４連休になる。入安居はタイ語でカオパンサーという。

こういうとき、格安エアラインの運賃は一気に上がる。というより、安い運賃の航空券がとれなくなってしまう。バンコクと香港を結ぶ、既存の航空会社、キャセイパシフィックやタイ国際航空より高くなることさえある。

木曜日のバンコクから香港までのタイ・エアアジアFD３５６２便は、空港税や保険などすべて加えて片道４４７３バーツ、日本円にすると１万２０００円ほどだった。やや高かったが、日程の問題もあり、この便を使うことにした。

次に、帰りの金曜日の香港―バンコク便の予約に進んで、マウスを持つ手が止まった。

「んーーっ！」

片道で1万バーツを超えていた。３万円近くに跳ねあがっていたのだ。

さて、どうしようか。

そこで思いついたのが、マカオと深圳だった。タイ・エアアジアは、バンコクからマカオや深圳との間にも毎日就航していた。マカオと深圳は、香港からはフェリーやバスを使えばそう遠くない。

その運賃をみてみた。深圳発バンコク行きが安かった。中国元で８７０元。1万１０００円ほどである。僕はこの航空券を買った。左サイドから右サイドへと、攻撃の起点を替えるサッカーのサイドチェンジのような方法を、安い航空券の〝争奪戦〟にも応用する。

格安エアラインはその安さが話題になっている。しかし東南アジアでは、それに加えた密度が頼もしい存在になっていた。

しかし深圳発バンコク行きの出発時刻は遅かった。深圳を午後11時20分に発つ。バンコクに着くのは、午前1時をまわる。

香港の九龍駅から深圳宝安空港行きバスに乗った。１００香港ドルである。

バスに乗っている時間は2時間ぐらいらしい。しかし途中で香港からの出境と中国本土への入境がある。3時間はみたほうがよさそうだった。

出発時間は午後11時20分だから、午後9時半ぐらいまでに深圳空港に着けばいい。とすると、香港発は午後6時半ぐらいか。しかし深圳空港行きのバスは、そんな時間までなかった。

午後4時台のバスに乗った。

1時間ほど走って香港を出境すると、そこに別のバスが待っている。境界から約1時間で深圳の空港に着いた。

深圳空港は大きいが、それは国内線ターミナルの話だった。国際線ターミナルは、その脇にある小さな建物だった。那覇空港の国際線ターミナルのようだった。ここで4時間近くも待った。

安さを選んだ代償の時間だった。

シートピッチ71センチの世界

（本書担当編集者　浅井健太郎）

既存航空会社エコノミークラスのシートピッチ（座席前後の間隔）は83センチが標準。羽田空港に就航したエアアジアXは78センチで、5センチ狭い。

そのエアアジアXよりさらに狭いのが、茨城空港に就航した春秋航空。71センチである。一般エコノミーシートの83センチでも息苦しく感じるのに、それより12センチも狭い。いったいどんな居住性なのか？

2010年12月の某日、私は「怖いもの見たさ」の期待に胸をふくらませて、茨城空港から上海行き春秋航空に乗り込んだ。まず、入り口から機内を見渡す。たしかに一般のエコノミーシートより座席間隔は詰まっている。しかし、学生時代にアジア諸国で乗ったローカルバスよりは、ゆったりしているように見える。

座ってみる。さすがに飛行機の座席だけあって、アジアのローカルバスよりは座り心地がいい。既存航空会社のエコノミーシートより、背もたれが薄いような気もするが、人間工学を駆使して設計されているようだ。

飛行機が離陸する。安定飛行に入ってから、持ち込んだ新聞を読みかける。だが、目と紙面が近すぎて字を読むことが難しい。老眼の初期症状のせいかもしれないが……。

あきらめて新聞を畳《たた》もうとした時、「安全のしおり」が、前席背面上部、つまり顔の前あたりの溝に差し込まれていることに気付く。

「あれれ……。ふつうは膝元のポケットに入っているんだけどね……」

と、思いながら膝元に目を落とすと、シートポケットがない。そこには、つるんとしたプラスチックの背板があるだけなのだ。

これまでに乗った飛行機のシートポケットには、機内誌、免税品（国内線では通販）のカタログ、安全のしおり、エチケット袋などが入っていた、ポケット自体の厚みも加えると、3〜5センチになるだろう。春秋航空の場合、安全のしおり以外は何もない。その安全のしおりも、顔の前あたりに移動させている。

膝元のポケットを削って、スペースを稼いでいるわけだ。

なかなか巧みな設計だ。深く腰掛けてみると、膝の前には5センチほどの余裕ができた。

私の身長は178センチ。尻から膝までの寸法はだいたい身長の4分の1だから、逆算するとあと20センチ身長が高くても、この座席に収まることになる。身長198センチ以上の人などアジアには200人に1人もいないだろう。ほとんどの人はシートピッチ71センチの座席に収まるということだ。

ついでに書くと、このシートはリクライニングしない。だから、前の座席の人がシートを倒して膝元の空間が狭くなることもない。

座席がリクライニングしないのは窮屈《きゅうくつ》だが、ＪＲ普通列車のボックスシートよりは楽だ。こういう狭いシートに座ったときは、もっと窮屈なシートを思い出して、「それよりマシだ」と前向きに考えたほうがいい。間違っても、ビジネスクラスに乗った思い出に浸ってはいけない。

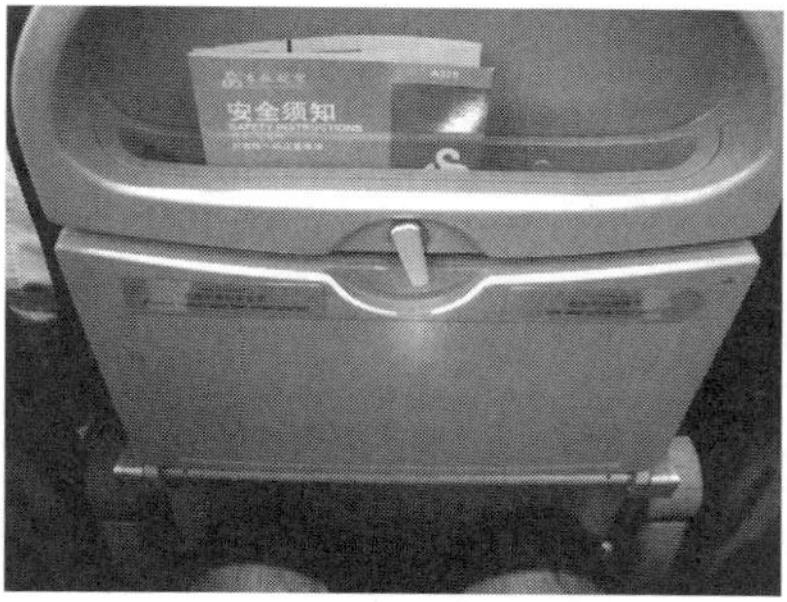

安全のしおりが高い場所にある

とはいえ、姿勢もほとんど変えられない。身体をぴったり座面に付けて座っていたら、合成皮革のシート表面が熱をもって、途中で気怠《けだる》くなってしまった。片道８０００円だったから、文句を言ってはいけないが……。

上海に到着したとき、「この手の超エコノミーなシートで耐えられるのは、３時間がいいところだね」というのが、正直な感想だった。

客室乗務員のたくましき商魂

（本書制作スタッフ　太内潤一）


台北とバンコクでの出張が入り、台北とバンコクの往復に「タイ・エアアジア」を利用した。格安エアラインに搭乗するのは今回が初めてだ。

台北市内での仕事を終え、桃園国際空港へは出発時間の2時間半前に到着した。チェックインカウンターにはすでに20人くらいの行列ができている。

実はここでひそかに期待をしていたことがある。それは搭乗券だ。エアアジアの搭乗券は「コンビニのレシートのようだ」と聞いていた。このレシート搭乗券を一度見てみたかったのだ。ところが渡された搭乗券は厚手の紙のもの。どうやらエアアジアが台湾のエバー航空にチェックイン業務を委託していたので、感熱紙ではなかったようなのだ。

機内に入ると座席が通路の左右に3列ずつ並んでいる。座ると前席の背もたれと膝までの距離は2センチほど。確かに狭い。リクライニングもしないが、座り心地はそんなに悪くない。

離陸後しばらくすると、機内サービスが始まった。機内食の値段は90〜120バーツ。300円くらいなら試しに食べてみようと思い、100バーツの「チキンライス」と30バーツのミネラルウォーターを注文。機内の通貨はタイ・バーツが基本だが、台湾ドルも使える。

味の方は……、まあまあといった感じ。この値段なら何とか合格だろう。

それにしても客室乗務員たちは常に笑顔で愛想がいい。しかも美人揃い。変にかしこまった感じもなく、庶民的というか気さくに接してくれる。これはなかなか好感が持てる。ただ、ちょっと化粧が派手すぎるような気がするが……。

復路のバンコク―台北便の搭乗手続きでは、ペラペラの白い感熱紙を手渡された。それはまさにコンビニのレシート。何というチープさだろうか。そこには便名、搭乗時間、搭乗ゲート、座席番号など必要な情報はすべて印刷されている。確かにこれで事は足りるのだ。

搭乗ゲートに行くと入り口前でパスポートとレシート搭乗券のチェックをしている。このチェックを受けてからロビーに入るのだが、ここで機内持ち込みの手荷物が大きい人はさらに重量チェックを受けることに。荷物専用の計測器があり、その上に「最大7キロ」と書かれていた。台北の空港ではなかった光景で、バンコクのほうが荷物の重量には厳しいようだ。何人か引っかかっていた。面白かったのは、誰が見ても「それは10キロ以上！」と突っ込みたくなる大きなバッグを持った台湾人のおばちゃんだった。当然超過料金を請求されたわけだが、中国語で猛烈にわめきちらし抗議している。結局スタッフになだめすかされ、料金を払っていたが、最後までおばちゃんの抗議は続いていた。

飛行機が動きはじめると、いきなり隣席のタイ人中年女性が弁当を食べ始めた。空港で売っているものではない。どう見てもバンコクの街中で売っている弁当だ。もうすぐ離陸なのに大丈夫か？　検疫も通ったのだろうか？　たしかエアアジアは機内の飲食物持ち込みは禁止のはずだが……。しかし客室乗務員はその姿を見ても注意することなく、平然と離陸準備をしている。要するに現場判断なのだ。このユルさが何となく嬉しかった。

帰りの便ではノベルティグッズを買おうと思っていた。ボールペンやポーチ、Tシャツなど、デザインもかわいく値段も手頃なので、お土産にちょうどいい。

離陸後は本を読んで過ごしたが、いつの間にか寝てしまった。気がついたときはすでに着陸態勢に。客室乗務員はまだ通路を歩いていたので、ダメとは思ったがボールペンとポーチを注文してみた。すると輝くような笑顔になり、すぐに持ってきてくれた。注文していない商品も一緒に。ふつうは着陸態勢に入ると機内販売は終了なのに。

後で聞いた話だが、エアアジアの客室乗務員は基本給が安い分、機内での販売売り上げが給料に反映されるそうだ。

だから着陸態勢に入っているにもかかわらず、満面の笑みで売ってくれたのか……。

おわりに

２０１１年1月現在、７社の格安エアラインが日本に乗り入れている。就航して日が浅い格安エアラインも多く、いまは日本乗り入れの採算を推し測っている段階といってもいいかもしれない。日本路線が儲《もう》かるとわかれば、新しい格安エアラインが乗り入れてくる。すでに就航した航空会社も、便数や路線を増やしていくだろう。しかしその逆の可能性もある。

２０１０年12月９日に羽田に乗り入れたエアアジアXは、就航から1年間の搭乗率を80％と予測している。「現在の週３便から、1日1便態勢にはやくもっていきたい」とも語っている。格安エアラインはいま、勢いに乗っているだけに、強気のコメントが目立った。

集客率を見ているのは、格安エアライン側だけではない。赤字にあえぐ日本の地方空港も格安エアラインにすがろうとしている。日本には99もの空港があるが、その大多数の台所事情は厳しい。火の車状態の空港も少なくない。

格安エアラインの乗り入れが関西空港に多いのは、国際線の新規就航および増便する航空会社を対象に、着陸料を２００９年から実質無料にしているからだ。就航から1年は、関空に着陸料を払う必要がない。

関空は世界一、着陸料が高い空港といわれていた。その額は1回の着陸で50万円から70万円ほどにもなったという。森功氏の著書『血税空港』（幻冬舎新書）に、世界の空港との比較が紹介されている。それによると、ボーイング747-400で搭乗率が70％とした場合、関空の乗客ひとりあたりの着陸料は2743円。それに対して、ニューヨークのジョン・F・ケネディ空港は1869円、シンガポールのチャンギ空港は883円ですんでしまうのだという。乗り入れ便が減っていくのも頷《うなず》けるのだ。

建て直しを図る関空は、着陸料を無料にし、乗り入れ便を増やすことで、空港に入るテナントが増えることを期待している。それしか方法がないといったほうがいいのかもしれないが。

関空に格安エアラインの乗り入れが集まったのは、日本のオープンスカイ政策の結果でもある。オープンスカイとは、空の自由化だが、そのレベルは国によってさまざまだ。ふつうに考えるオープンスカイは、ヨーロッパ型かもしれない。国に関係なく自由に就航できる状態だ。イギリスの飛行機が、パリ―ローマ間を飛ぶことができる。これはオープンスカイの最終形で、日本はそこまで至っていない。日本は自由に乗り入れることができるオープンスカイ協定を結ぶ国を増やしつつあるが、2010年12月初旬現在、その対象として羽田空港と成田空港は除外されている。発着枠の増加をにらみ、成田空港と羽田空港をオープンスカイ化する動きもあるが、しばらくは地方空港だけのオープンスカイなのだ。

それが首都圏に次ぐ大都市圏にあり、京都などの観光地にも近い関空に新規乗り入れの格安エアラインが多い理由である。

しかし赤字が増えるばかりの地方空港もなんとかしなくてはならない。安さで乗客を引き寄せてくれる格安エアラインは、ひとつの救済ツールにも映るのだ。

本書では、日本に乗り入れる格安エアラインを、日本人の視点から眺めてきた。しかし格安エアラインの日本就航には、もうひとつの見方がある。日本にやってくる海外からの観光客が利用するという側面である。「外国人観光客の足に格安エアライン」という発想である。

将来、海外に出る日本人の数はさほど増えないといわれている。国土交通省の資料によると、日本人の海外旅行者数は年を追って増え、2000年前後には年間1700万人を突破した。その後、国際情勢の不安や景気の後退で一時落ち込んだが、2005年には再び1700万人台に回復した。しかしそれからなだらかな減少傾向に入り、2008年は1500万人台まで落ち込んでしまった。なかでも若者の海外旅行離れが激しい。

それに比べ、日本にやってくる観光客は着実に増えている。韓国と台湾からの観光客へのビザ免除がひとつの起爆剤の役割を果たした。日本経済はデフレ傾向のなかで物価も下がってきた。やってきた観光客は、こんな印象をもったという。

「日本の物価は、思ったほど高くない」

そこには着実に伸びてきているアジア諸国の経済力も見てとれる。高い経済成長を維持する中国からの観光客も増えている。日本に乗り入れる格安エアラインの腹のなかには、そんな思惑も潜んでいるのだ。

エアアジアXの日本就航がとり沙汰されているとき、同社の最高経営責任者であるトニー・フェルナンデスが突きつけてきた要求も、その線上にある。彼は乗り入れ条件として、日本に向かうマレーシア人のビザ免除を主張したのだ。免除にはならなかったが、日本政府も、ビザの取得手続きを簡略化した。それがエアアジアXの日本への就航にもつながったといわれている。

エアアジアXは羽田乗り入れを果たした。これまで安全基準などを盾に、新しく乗り入れる航空会社を制限してきた日本政府の対応から考えると、それは意外なほどスムーズに映った。常識的に考えれば、日本航空や全日空は強硬に反対するかと思われていた。格安エアラインは、確実に乗客を奪っていってしまうからだ。

しかし業界には、こんなうがった見方もある。

「羽田の再国際化は、日本航空と全日空の収入を増やすといわれているんですよ。日本航空の救済策だとも……。羽田空港に新しく乗り入れた航空会社のスケジュールを見れば、それは一目瞭然。エアアジアXには該当しませんが、アメリカやヨーロッパから羽田に就航した飛行機の多くが、早朝に到着するんです。これは海外からやってきた観光客が、日本の国内線を利用して北海道や九州、関西に行きやすい時間帯なんです。羽田はすぐに国内線に乗り換えられますからね。なにしろ日本の国内線は世界一高いといわれています。そこに外国人を誘導しようとしている。羽田発の早朝便は搭乗率があまりよくなかった。それを外国人で補う発想。そうじゃなかったら、日本航空や全日空が首を縦に振るわけがないじゃないですか」

ことの真相はわからないが、説得力のある見解である。

日本人の海外旅行者数は今後も伸びそうもない。日本航空、全日空は国際線からの多くの収益を望めないのだ。だったら、国内線で稼ごうとする。日本の航空会社は、まだ高コスト体質を維持しようとしているのだろうか。

日本人が望んでいるのは、日本国内を高速バス並み運賃で移動させてくれる格安エアラインだろう。

日本でも格安エアラインを標榜《ひょうぼう》している航空会社がないわけではない。1998年、スカイマークエアラインズと北海道国際航空（エア・ドゥ）が相次いで就航し、期待を集めた。僕はしばしば沖縄に行くので、スカイマークに乗る機会は多い。やはり安いからだ。機内での飲み物は有料にしているなど、格安エアラインらしさはあるものの、世界レベルの格安エアライン運賃とはいい難い。安いというのは、既存航空会社との比較の上の話にすぎないのだ。

欧米の格安エアラインには、4時間のフライトで片道1万円、1時間のフライトで片道3000円といった相場感がある。それとくらべると、倍ほどの運賃になってしまう。

スカイマークとエア・ドゥが運航申請を行ったとき、当時の運輸省は、それまでの安全基準との整合性に四苦八苦したといわれる。それまでの安全基準は、既存航空会社を想定したもので、予備機をもたず、採算性も不透明な新規航空会社には当てはまらなかった。欧米が規制緩和の波のなかで、次々に新しい格安エアラインの就航を受け入れていった状況とずいぶん違う。

既存航空会社のいじめともとれる対応も響いた。たとえば新規エアラインの便付近の時間帯の自社便を値下げした。空港のチェックインカウンターは既存の航空会社が独占し、そのスペースすらなかなかもらえなかった。搭乗するときのボーディングブリッジも使えない時期が長く続いた。飛行機の整備は既存航空会社に依存しなくてはならず、その高い料金が、安い運賃への妨げになっていった。結局は世界レベルの格安エアライン運賃とはかけ離れたものになってしまった。

しかしこういった動きすら及ばない地方空港間の運賃は、溜息《ためいき》が出るほど高い。２０１０年、僕は沖縄の那覇から石垣島、そして与那国島に向かった。直前に予約したということもあったが、那覇―石垣間は片道で2万円近くになり、石垣から与那国は片道1万円を超えた。このルートで那覇と与那国島を往復すると、6万円にもなってしまうのである。それぞれ、早期購入の割引などを使えば1万円を割ってくるが、それにしても高いのである。

フライト時間は30分から60分である。欧米の格安エアラインなら、1区間片道３０００円が相場なのである。

沖縄の離島に暮らす人たちにとって、飛行機は生活の足である。石垣島の高校生たちはスポーツの県大会に出場するために飛行機に乗る。与那国島の人たちは、歯の治療のために飛行機に乗らなくてはならない。その運賃がこんなにも高いのだ。

それはなにも沖縄に限ったことではない。日本の地方都市は同じような状況に置かれているのだ。

イギリスから日本に遊びにきた知人がこんなことをいっていた。

「日本には安い食堂があって助かります。でも交通費の高さは……。とくに飛行機運賃は信じられない値段ですね。とても乗れません。僕はジャパンレールパス（ＪＲグループが発行する、外国人観光客向けの周遊券）を買っていたから、移動はもっぱらＪＲ。でも、日本人がいくら払っているのかわかってびっくりしました。ふつうに買うと、ＪＲもすごく高いんですね」

現在、国内の地上交通の運賃は、高速バスの発達で風穴が開いた。しかし空の足は、既存航空会社の独占色があまりに強い。スカイマークなどが格安エアラインを標榜しているが、前途は多難だ。全日空が立ち上げる格安エアラインに淡い期待を抱くしかないのだろうか。

写真／阿部稔哉（Ｐ１７７を除く）

下川裕治

旅行作家。1954年、長野県に生まれる。慶應義塾大学を卒業後、新聞社勤務を経て独立。1990年、『12万円で世界を歩く』(朝日新聞社)でデビュー。当時の「海外旅行は贅沢なもの」という常識を覆す赤貧旅行で、バックパッカーのバイブルとなる。「週刊大衆」(双葉社)別冊の「格安航空券ガイド」の編集長も務めた。

おもな著書には『歩くアジア』(双葉文庫)、『週末アジアに行ってきます』(講談社文庫)、『5万4千円でアジア大横断』『格安エアラインで世界一周』(以上、新潮文庫)、『日本を降りる若者たち』(講談社現代新書)などがある。『南の島の甲子園——八重山商工の夏』(双葉社)で、ミズノスポーツライター賞を受賞。

講談社+α《プラスアルファ》新書 345-2 D

「格《かく》安《やす》エアライン」で個《こ》人《じん》旅《りよ》行《こう》が変《か》わる!

120%使いこなす方法

下《しも》川《かわ》裕《ゆう》治《じ》 ©Yuji Shimokawa 2011

本書のコピー、スキャン、デジタル化等の無断複製は著作権法上での例外を除き禁じられています。本書を代行業者等の第三者に依頼してスキャンやデジタル化することはたとえ個人や家庭内の利用でも著作権法違反です。

2011年1月20日第1刷発行

発行者——— 鈴木 哲
発行所——— 株式会社 講談社
東京都文京区音羽2-12-21 〒112-8001
電話 出版部(03)5395-3532
販売部(03)5395-5817
業務部(03)5395-3615
デザイン——— 鈴木成一デザイン室
カバー印刷——— 共同印刷株式会社
印刷——— 慶昌堂印刷株式会社
製本——— 牧製本印刷株式会社
本文データ制作——— 朝日メディアインターナショナル株式会社

落丁本·乱丁本は購入書店名を明記のうえ、小社業務部あてにお送りください。

送料は小社負担にてお取り替えします。

なお、この本の内容についてのお問い合わせは生活文化第三出版部あてにお願いいたします。

Printed in Japan ISBN978-4-06-272696-2 定価はカバーに表示してあります。

講談社+α新書

一冊でつかめる！中国近現代史 人民と権力と腐敗の170年 激動の記録
荘 魯迅
毛沢東と四人組、文化大革命、改革開放、天安門に至るまでわかりやすく伝える隣国史！
933円 487-1 C

政党崩壊！ 二〇一〇年体制を生き延びる条件
筆坂秀世
小沢構想により実現した民主党政権。新しい日本には、さらなる「政党リストラ」が必要だ！
838円 488-1 C

天下人の失敗学 すべての人間は４つの性格に分類できる
伊東 潤
領土は会社、大名は社長、武将は管理職。戦国乱世に、ビジネスマンが生き残る極意を学べ!!
838円 489-1 C

しばられてみる生き方 軍隊式・超ストレスコントロール術
下園壮太
自由が増えると不安になる日本人。軍隊式思考法は、人間関係を円滑にさせる技の宝庫だ！
838円 490-1 A

脳は鍛えるな！ 海馬を元気にする食事と運動
酒谷 薫
ニキビ、もの忘れは、ストレスで「海馬」が傷んでいる危険信号。脳を癒すノウハウ満載！
838円 491-1 B

ハリウッドではみんな日本人のマネをしている
マックス桐島
ジャパナイズされる、アメリカとセレブたち！食の次は日本人の精神性が学ばれているのだ!!
838円 492-1 C

N Y《ニューヨーク》ビジネスマンはみんな日本人のマネをしている
マックス桐島
世界経済の中心地で起こる日本化を徹底分析！日本のソフトパワーはついに米国を変えた!!
838円 492-2 C

えこひいきされる技術
島地勝彦
元「週刊プレイボーイ」編集長が伝授する今東光、開高健、シバレン仕込みの超処世術
838円 493-1 A

1日5分！「座り」筋トレ 超簡単「貯筋」運動のススメ
福永哲夫
通勤電車で、家事の合い間で筋肉は貯められる。手間、カネ、時間いらずの超効率的筋トレ術！
838円 494-1 C

クラシック音楽は「ミステリー」である
吉松 隆
「ドン・ジョバンニ」は死体なき殺人事件だった。気鋭の作曲家が、名曲にひそむ謎を読み解く！
838円 495-1 D

生き残る技術 無酸素登頂トップクライマーの限界を超える極意
小西浩文
零下35度の極限状態を生き抜いてきたカリスマ登山家が「危機の時代」でも成功する秘策を説く！
838円 496-1 C

表示価格はすべて本体価格（税別）です。本体価格は変更することがあります